The life and death of King Iohn
Leben und Sterben des Königs John

William Shakespeare

The life and death of King Iohn
Leben und Sterben des Königs John

(LEBEN UND STERBEN DES KÖNIGS JOHN war der erste Teil einer Shake-speare-Trilogie am Schauspiel Köln, die in drei aufeinander folgenden Spielzeiten erarbeitet wurde. Der zweite Teil bestand in VERLORENE LIEBESMÜH, der dritte in der Uraufführung des neu zum »Shakespeare-Kanon« gezählten Stücks DIE REGIERUNG DES KÖNIGS EDWARD III. Alle Texte werden in dieser Ausgabe erscheinen.)

Titelbild:
Jochen Tovote in der Titelrolle
Schauspiel Köln, Spielzeit 1997/98
Regie Frank-Patrick Steckel

Rückseite: Karl Kraus, Postskriptum zum letzten Brief
an Sidonie Nádherny vom 15./16.5.1936
aus: Karl Kraus, Briefe an Sidonie Nádherny von Borutin 1913-1936
Hg. von Friedrich Pfäfflin © Wallstein Verlag, Göttingen 2005
Reproduktion mit freundlicher Genehmigung
des Brenner-Archivs, Universität Innsbruck

Bühnenrechte beim Verlag der Autoren

© Verlag Uwe Laugwitz,
D-21244 Buchholz in der Nordheide, 2016

ISBN 9783-933077-42-4

Inhalt

The life and death of King Iohn

Leben und Sterben des Königs John

Enter King Iohn, Queene Elinor, Pembroke, Essex, and Sa-
lisbury, with the Chattylion of France.

King Iohn.
NOw say *Chatillon*, what would *France* with vs?
Chat. Thus (after greeting) speakes the King
   of France,
   In my behauiour to the Maiesty,
   The borrowed Maiesty of *England* heere.
Elea. A strange beginning: borrowed Maiesty?
K. Iohn. Silence (good mother) heare the Embassie.
Chat. Philip of *France*, in right and true behalfe
   Of thy deceased brother, *Geffreyes* sonne,
   Arthur Plantaginet, laies most lawfull claime
   To this faire Iland, and the Territories:
   To *Ireland, Poyctiers, Aniowe, Torayne, Maine*,
   Desiring thee to lay aside the sword
   Which swaies vsurpingly these seuerall titles,
   And put the same into yong *Arthurs* hand,
   Thy Nephew, and right royall Soueraigne.
K. Iohn. What followes if we disallow of this?
Chat. The proud controle of fierce and bloudy warre,
   To inforce these rights, so forcibly with-held,
K. Io. Heere haue we war for war, & bloud for bloud,
   Controlement for controlement: so answer *France*.
Chat. Then take my Kings defiance from my mouth,
   The farthest limit of my Embassie.
K. Iohn. Beare mine to him, and so depart in peace,
   Be thou as lightning in the eies of *France*;
   For ere thou canst report, I will be there:

Erster Akt 1.Szene

König John. Königin Eleanor. Pembroke. Essex. Salisbury.
Gefolge, darunter Chatillon von Frankreich.

KÖNIG JOHN Nun rede, Chatillon, was will Uns Frankreich?
CHATILLON So, nach seinem Gruß, spricht Frankreichs König
   In meiner Weise zu der Majestät,
   Zu der geborgten Majestät hier Englands.

KÖNIGIN ELEANOR Welch ein Beginn: »Geborgte Majestät«!
KÖNIG JOHN Still, gute Mutter; hört die Botschaft an.
CHATILLON Philipp von Frankreich erhebt rechtens Anspruch
   Für deines hingegangnen Bruders Geoffrey
   Sohn, Arthur Plantagenet, auf diese
   Schöne Insel und die Territorien
   Irland, Poictiers, Anjou, Touraine, Maine,
   Auffordernd dich, das Schwert beiseit zu tun,
   Das diese Titel räuberisch regiert,
   Und in Jung-Arthurs Hand sie zu erstatten,
   Dir Neffe und dein Königlicher Herr.
KÖNIG JOHN Was folgt, wenn wir nicht einverstanden sind?
CHATILLON Die noble Herrschaft blutvoll heißen Kriegs,
   Erzwingend die durch Zwang verwehrten Rechte.
KÖNIG JOHN Wir nehmen Krieg für Krieg und Blut für Blut
   Für Herrschaft Herrschaft: das antworte Frankreich. [hier,
CHATILLON Aus meinem Mund hör meines Königs Abscheu,
   Die äußerste Befugnis meiner Botschaft.
KÖNIG JOHN Bring ihm die meine und zieh hin in Frieden.
   Sei du der Blitz in Frankreichs Augen, nämlich,
   Bevor du noch berichten kannst, bin ich da.

The thunder of my Cannon shall be heard.
So hence: be thou the trumpet of our wrath,
And sullen presage of your owne decay:
An honourable conduct let him haue,
Pembroke looke too't: farewell *Chattillion*.

Exit Chat. and Pem.

Ele. What now my sonne, haue I not euer said
How that ambitious *Constance* would not cease
Till she had kindled *France* and all the world,
Vpon the right and party of her sonne.
This might haue beene preuented, and made whole
With very easie arguments of loue,
Which now the mannage of two kingdomes must
With fearefull bloudy issue arbitrate.

K. Iohn. Our strong possession, and our right for vs.

Eli. Your strong possession much more then your right,
Or else it must go wrong with you and me,
So much my conscience whispers in your eare,
Which none but heauen, and you, and I, shall heare.

Enter a Sheriffe.

Essex. My Liege, here is the strangest controuersie
Come from the Country to be iudg'd by you
That ere I heard: shall I produce the men?

K. Iohn. Let them approach:
Our Abbies and our Priories shall pay
This expeditious charge: what men are you?

Enter Robert Faulconbridge, and Philip.

Philip. Your faithfull subiect, I a gentleman,
Borne in *Northamptonshire*, and eldest sonne

I, i, 31-59

Donnern hören wird man mein Geschütz.
Auf denn! Sei du Posaune unsres Zorns
Und böses Omen eures eignen Falls.
Ehrenvoll Geleit soll er erhalten:
Pembroke, besorgt das. Leb wohl, Chatillon.

Pembroke, Chatillon ab.

KÖNIGIN ELEANOR Und jetzt, mein Sohn? Hab ich es nicht
In Constance gibt der Ehrgeiz keine Ruhe, [gesagt,
Bis Frankreich sie, und alle Welt, entflammt hat
Für die Partei und Rechte ihres Sohns?
Es mußte nicht so kommen, beizulegen
War sehr leicht diplomatisch das, worum
Die Leitung zweier Königreiche nun
Mit furchtbar-blutgen Mitteln ringen muß.

KÖNIG JOHN Wir haben, was wir haben, und mit Recht.

KÖNIGIN ELEANOR Weil wir es haben viel mehr, als mit
Anders gehts nicht gut mit dir und mir: [Recht,
Soviel raunt mein Gewissen dir noch zu,
Was nur der Himmel hört, und ich, und du.

Ein Sheriff.

ESSEX Mein Fürst, hier naht der sonderbarste Streit,
Den plattes Land, soweit ich mich erinnre,
Euch je zur Schlichtung antrug: ists gestattet,
Die Herren vorzulassen?

KÖNIG JOHN   Sie solln kommen.
Unsre Abtein und unsre Klöster zahlen
Die Kosten dieses Eilkriegs.

Robert Faulconbridge. Philip, sein Bastardbruder.

                              Wer seid ihr,
Männer?

BASTARD   Euer treuer Untertan
Ich, adlig, aus Northamptonshire gebürtig,

As I suppose, to *Robert Faulconbridge*,
A Souldier by the Honor-giuing-hand
Of *Cordelion*, Knighted in the field.

K. Iohn. What art thou?
Robert. The son and heire to that same *Faulconbridge*.
K. Iohn. Is that the elder, and art thou the heyre?
You came not of one mother then it seemes.
Philip. Most certain of one mother, mighty King,
That is well knowne, and as I thinke one father:
But for the certaine knowledge of that truth,
I put you o're to heauen, and to my mother;
Of that I doubt, as all mens children may.
Eli. Out on thee rude man, y^u dost shame thy mother,
And wound her honor with this diffidence.
Phil. I Madame? No, I haue no reason for it,
That is my brothers plea, and none of mine,
The which if he can proue, a pops me out,
At least from faire fiue hundred pound a yeere:
Heauen guard my mothers honor, and my Land.
K. Iohn. A good blunt fellow: why being yonger born
Doth he lay claime to thine inheritance?
Phil. I know not why, except to get the land:
But once he slanderd me with bastardy:
But where I be as true begot or no,
That still I lay vpon my mothers head,
But that I am as well begot my Liege
(Faire fall the bones that tooke the paines for me)
Compare our faces, and be Iudge your selfe
If old Sir *Robert* did beget vs both,
And were our father, and this sonne like him:
O old sir *Robert* Father, on my knee

Und ältster Sohn, wie ich vermute, von
Robert Faulconbridge, dem Kriegsmann, den
Die Hand, die Ehren spendende, des Königs
Coeur-de-lion zum Ritter schlug im Feld.
KÖNIG JOHN Und was seid Ihr?
ROBERT Der Sohn und Erbe jenes Faulconbridge.
KÖNIG JOHN Ist das der Ältre, und seid Ihr der Erbe?
　　Ihr stammt von einer Mutter nicht, wies scheint.
BASTARD Von einer Mutter sicher, großer König;
　　Das ist bekannt; und, denk ich, einem Vater:
　　Doch die Bestätigung für diese Wahrheit
　　Holt Euch beim Himmel und bei meiner Mutter.
　　Hier zweifle ich, wies Menschenkinder dürfen.
KÖNIGIN ELEANOR Daß dich, Rohling! Du beschämst die
　　Verletzt die Ehre ihr mit diesem Argwohn.　　[Mutter,
BASTARD Ich, Madam? Nein, dazu hab ich nicht Grund;
　　Das ist des Bruders Antrag und nicht meiner,
　　Der, wenn er durchkommt, mich bestimmt um hübsche
　　Fünfhundert Pfund im Jahr wird leichter machen:
　　Der Himmel schütze Mutter und mein Land.
KÖNIG JOHN Der Kerl ist offenherzig. Wie, obgleich
　　Der Zweitgeborne, will er dir ans Erbe?
BASTARD Wie, weiß ich nicht – nur was er will, das Land –
　　Doch einmal schimpfte er mich einen Bastard:
　　Nur, ob ich treu gezeugt ward oder nicht,
　　Leg ich, Ihr wißts, auf meiner Mutter Haupt;
　　Hingegen, daß, mein Fürst, ich gut gezeugt ward –
　　Heil den Knochen, die um mich sich mühten! –
　　Vergleicht die Mienen und dann urteilt selbst.
　　Erzeugte uns der alte Robert beide,
　　Ist unser Vater, dieser Sohn ihm gleich,
　　O Vater Robert, kniend danke ich

I giue heauen thankes I was not like to thee.

K. Iohn. Why what a mad-cap hath heauen lent vs here?

Elen. He hath a tricke of *Cordelions* face,
  The accent of his tongue affecteth him:
  Doe you not read some tokens of my sonne
  In the large composition of this man?

K. Iohn. Mine eye hath well examined his parts,
  And findes them perfect *Richard:* sirra speake,
  What doth moue you to claime your brothers land.

Philip. Because he hath a half-face like my father?
  With halfe that face would he haue all my land,
  A halfe-fac'd groat, fiue hundred pound a yeere?

Rob. My gracious Liege, when that my father liu'd,
  Your brother did imploy my father much.

Phil. Well sir, by this you cannot get my land,
  Your tale must be how he employ'd my mother.

Rob. And once dispatch'd him in an Embassie
  To *Germany,* there with the Emperor
  To treat of high affaires touching that time:
  Th' aduantage of his absence tooke the King,
  And in the meane time soiourn'd at my fathers;
  Where how he did preuaile, I shame to speake:
  But truth is truth, large lengths of seas and shores
  Betweene my father, and my mother lay,
  As I haue heard my father speake himselfe
  When this same lusty gentleman was got:
  Vpon his death-bed he by will bequeath'd
  His lands to me, and tooke it on his death
  That this my mothers sonne was none of his;
  And if he were, he came into the world
  Full fourteene weekes before the course of time:
  Then good my Liedge let me haue what is mine,

Dem Himmel dafür, daß ich dir nicht glich!
KÖNIG JOHN Welch einen Irrwisch uns der Himmel schickt!
KÖNIGIN ELEANOR Er sieht Coeur-de-lion doch seltsam
Auch seine Art zu sprechen kommt ihm nah.   [ähnlich;
Liest du nicht Unterpfänder meines Sohns
Vom ganzen großen Bau des Mannes ab?
KÖNIG JOHN Mein Auge hat ihn Stück um Stück geprüft,
Sie gleichen perfekt Richard. Ihr, Sir, sprecht,
Was treibt Euch an, des Bruders Land zu fordern?
BASTARD Daß er ein Profil hat wie mein Vater!
Das Halbprofil da will mein Land, und ganz:
Das Münzprofil fünfhundert Pfund im Jahr!
ROBERT Mein edler König, als mein Vater lebte,
Nahm Euer Bruder ihn recht oft in Anspruch –
BASTARD Nun, Sir, so kommt Ihr nie zu meinem Land:
In Anspruch muß er meine Mutter nehmen.
ROBERT – Und schickte einst ihn als Gesandten fort
Nach Deutschland, daselbst mit dem Kaiser
Der Zeit hochwichtge Dinge zu verhandeln.
Aus seinem Fernsein zog der König Nutzen,
Nahm Aufenthalt in meinem Vaterhause,
Wo, wie er hauste, mich beschämt zu sagen;
Doch wahr bleibt: daß viel Wasser und viel Land
Zwischen Vater lag und meiner Mutter,
Das hab ich Vater selber sagen hörn,
Als hier Herr Frohgemut empfangen ward.
Auf dem Sterbebett vermachte er sein Land
Testamentlich mir und schwor beim Tod,
Der Sohn aus meiner Mutter sei von ihm nicht;
Und wäre ers, er wär zur Welt gekommen
Volle vierzehn Wochen vor der Zeit.
Drum, bester Fürst, gewährt, was mein ist, mir,

My fathers land, as was my fathers will.

K. Iohn. Sirra, your brother is Legittimate,
Your fathers wife did after wedlocke beare him:
And if she did play false, the fault was hers,
Which fault lyes on the hazards of all husbands
That marry wiues: tell me, how if my brother
Who as you say, tooke paines to get this sonne,
Had of your father claim'd this sonne for his,
Insooth, good friend, your father might haue kept
This Calfe, bred from his Cow from all the world:
Insooth he might: then if he were my brothers,
My brother might not claime him, nor your father
Being none of his, refuse him: this concludes,
My mothers sonne did get your fathers heyre,
Your fathers heyre must haue your fathers land.

Rob. Shal then my fathers Will be of no force,
To dispossesse that childe which is not his.
Phil. Of no more force to dispossesse me sir,
Then was his will to get me, as I think.
Eli. Whether hadst thou rather be a *Faulconbridge*,
And like thy brother to enioy thy land:
Or the reputed sonne of *Cordelion*,
Lord of thy presence, and no land beside.
Bast. Madam, and if my brother had my shape
And I had his, sir *Roberts* his like him,
And if my legs were two such riding rods,
My armes, such eele-skins stuft, my face so thin,

Das Land des Vaters, nach des Vaters Willen.

KÖNIG JOHN Herr, ehelich ist demnach Euer Bruder;
Die Gattin Eures Vaters hat im Ehstand
Ihn ausgetragen und wenn sie betrog,
So fällt der Fehl auf sie, ein Fehl, mit welchem
Alle Gatten rechnen müssen, wenn sie
Weiber freien. Sagt an, was, wenn es
Meinem Bruder, der, wie Ihr behauptet,
Sich angestrengt hat, diesen Sohn zu zeugen,
Eingefallen wär, von Eurem Vater
Diesen Sohn zu fordern als den seinen?
Im Ernst, mein Freund, behalten konnt Eur Vater
Sein Kalb, Frucht seiner Kuh, vor aller Welt;
Das konnte er, im Ernst; mein Bruder durfte,
Obzwar es seines war, es seins nicht nennen,
Noch Euer Vater es, das seins nicht war, nicht seines:
Woraus hervorgeht, meiner Mutter Sohn
Erzeugte Eures Vaters Erben, und der Erbe
Eures Vaters erbt des Vaters Land.

ROBERT Des Vaters Wille soll Gewalt nicht haben,
Dies Kind, das nicht das seine, zu enterben?

BASTARD Nicht mehr Gewalt, mich zu enterben, denk ich,
Als sie sein Wille hatte, mich zu kriegen.

KÖNIGIN ELEANOR Was zieht Ihr vor, ein Faulconbridge zu
Und Euch, gleich ihm, an Landbesitz zu freun, [bleiben,
Oder als der Sohn Coeur-de-lions
Herr unter Herrn zu sein, und ohne Land?

BASTARD Bekäm mein Bruder, Madam, die Gestalt
Von mir, und ich die von Sir Robert, seine,
Mit zwei so Beinen wie zwei Pferdepeitschen,
Mit Armen wie zwei ausgestopfte Aale,
Und spitziger Visage, daß, wollt ich

That in mine eare I durst not sticke a rose,
Lest men should say, looke where three farthings goes,
And to his shape were heyre to all this land,
Would I might neuer stirre from off this place,
I would giue it euery foot to haue this face:
It would not be sir nobbe in any case.
Elinor. I like thee well: wilt thou forsake thy fortune,
Bequeath thy land to him, and follow me?
I am a Souldier, and now bound to *France.*
Bast. Brother, take you my land, Ile take my chance;
Your face hath got fiue hundred pound a yeere,
Yet sell your face for fiue pence and 'tis deere:
Madam, Ile follow you vnto the death.
Elinor. Nay, I would haue you go before me thither.
Bast. Our Country manners giue our betters way.
K. Iohn. What is thy name?
Bast. *Philip* my Liege, so is my name begun,
Philip, good old Sir *Roberts* wiues eldest sonne.
K. Iohn. From henceforth beare his name
Whose forme thou bearest:
Kneele thou downe *Philip,* but rise more great,
Arise Sir *Richard,* and *Plantagenet.*
Bast. Brother by th' mothers side, giue me your hand,
My father gaue me honor, yours gaue land:
Now blessed be the houre by night or day
When I was got, Sir *Robert* was away.
Ele. The very spirit of *Plantaginet*:
I am thy grandame *Richard,* call me so.
Bast. Madam by chance, but not by truth, what tho;
Something about a little from the right,
In at the window, or else ore the hatch:
Who dares not stirre by day, must walke by night,

Es wagen, mir 'ne Ros ans Ohr zu stecken,
Gleich alles schrein würd: »Seht den Dornstrauch gehn!«
Und erbte, so gestaltet, all dies Land,
Ich gäbe, eher wiche ich hier nicht,
Den letzten Fußbreit weg für dies Gesicht:
Sir Bob zu werden, bin ich nicht erpicht.

KÖNIGIN ELEANOR Du gefällst mir: willst du dein ererbtes
Hab und Gut ihm lassen und mir folgen?
Ich bin Soldat und muß gen Frankreich ziehn.

BASTARD Nimm, Bruder, hin mein Land, wie ich mein Glück.
Fünfhundert Pfund im Jahr ist dein Profil wert,
Prägs auf 'nen Fünfer, und es ist zuviel wert.
Madam, ich folge Euch bis in den Tod.

KÖNIGIN ELEANOR Nein, da ist mirs lieber, du gehst vor.

BASTARD Wir Landvolk machen unsern Größen Platz.

KÖNIG JOHN Wie ist dein Name?

BASTARD Mit Philip, großer König, geht er los;
Der Erste aus Sir Roberts Ehweibs Schoß.

KÖNIG JOHN Wie die Gestalt, sei auch sein Name dein:
Knie nieder, Philip, doch gleich darauf
Steh als Sir Richard Plantagenet auf.

BASTARD Mein Bruder mütterlicherseits, die Hand:
Mein Vater ließ mir Ehre, deiner Land.
Gesegnet sei die Nacht, wo nicht der Tag,
Da ich entstand und fern Sir Robert lag.

KÖNIGIN ELEANOR Ein waschechter Plantagenet! Großmutter,
Richard, bin ich dir; nun nenn mich so.

BASTARD Per Zufall, Madam, nicht per Rang; was tuts?
Mit rechten Dingen nicht, noch mit Manieren,
Ein Bankert nur, zur Hintertür herein:
Scheut wer den Tag, geht er bei Nacht spazieren.

And haue is haue, how euer men doe catch:
Neere or farre off, well wonne is still well shot,
And I am I, how ere I was begot.

K. *Iohn.* Goe, *Faulconbridge*, now hast thou thy desire,
A landlesse Knight, makes thee a landed Squire:
Come Madam, and come *Richard*, we must speed
For *France*, for *France*, for it is more then need.

Bast. Brother adieu, good fortune come to thee,
For thou wast got i'th way of honesty.

Exeunt all but bastard.

Bast. A foot of Honor better then I was,
But many a many foot of Land the worse.
Well, now can I make any *Ioane* a Lady,
Good den Sir *Richard*, Godamercy fellow,
And if his name be *George*, Ile call him *Peter*,
For new made honor doth forget mens names:
'Tis two respectiue, and too sociable
For your conuersion, now your traueller,
Hee and his tooth-picke at my worships messe,
And when my knightly stomacke is suffis'd,
Why then I sucke my teeth, and catechize
My picked man of Countries: my deare sir,
Thus leaning on mine elbow I begin,
I shall beseech you; that is question now,
And then comes answer like an Absey booke:
O sir, sayes answer, at your best command,
At your employment, at your seruice sir:
No sir, saies question, I sweet sir at yours,
And so ere answer knowes what question would,
Sauing in Dialogue of Complement,
And talking of the Alpes and Appenines,

Und wer es hat, der hats und so ists sein.
Nah oder fern, wer siegt, hat gut geschossen,
Und ich bin ich, egal, wo ich entsprossen.
KÖNIG JOHN So geht nun, Faulconbridge: das wolltet Ihr;
Zum Gutsherrn macht euch Ritter Landlos hier.
Kommt, Madam, Richard, komm, wir müssen eilen;
Nach Frankreich! Falsch wärs, länger zu verweilen.
BASTARD Bruder, leb wohl: das Glück sei dir geneigt!
Denn du wardst ja in Sittsamkeit gezeugt.

Alle ab, bis auf den Bastard.

Ein Fußbreit Ehre besser als ich stand,
Doch viele, viele Fußbreit Landes schlechter.
Dafür mach ich aus jeder Joan 'ne Lady.
»Grüß Gott, Sir Richard!« – »Gottes Lohn, mein Junge!«
Und ist sein Name George, nenn ich ihn Peter;
Denn neuer Adel merkt sich niemals Namen,
Das ist zu rücksichtsvoll und zu sozial
Für diesen Wandel. Macht ein Weitgereister
Mit Zahnstocher, sich breit an meiner Tafel,
Und hab ich mir den Ritterbauch gefüllt,
Dann, meinerseits an meinen Zähnen nuckelnd,
Katechisier ich meinen Weltenbummler,
Den Stocherer: »Mein bester Sir,« – so fang ich,
Gelehnt auf meinen Ellenbogen, an,
»Ihr seid ersucht,« – das ist mein A, worauf
Sein B, wie in der Fibel, folgt: »O, Sir,«
Spricht er, »zu Diensten; ganz wie Ihr befehlt;
Ich bin der Eure, Sir.« »Nein, Sir,« – mein C kommt
»Ich, bester Sir, der Eure« und so fort;
Zwar weiß sein Z nicht, was mein A gewollt,
Doch mit dem Tausch von Liebenswürdigkeiten,
Geschwätz von Alpen und vom Apennin,

The Perennean and the riuer *Poe*,
It drawes toward supper in conclusion so.
But this is worshipfull society,
And fits the mounting spirit like my selfe;
For he is but a bastard to the time
That doth not smoake of obseruation,
And so am I whether I smacke or no:
And not alone in habit and deuice,
Exterior forme, outward accoutrement;
But from the inward motion to deliuer
Sweet, sweet, sweet poyson for the ages tooth,
Which though I will not practice to deceiue,
Yet to auoid deceit I meane to learne;
For it shall strew the footsteps of my rising:
But who comes in such haste in riding robes?
What woman post is this? hath she no husband
That will take paines to blow a horne before her?
O me, 'tis my mother: how now good Lady,
What brings you heere to Court so hastily?
    Enter Lady Faulconbridge and Iames Gurney.

Lady. Where is that slaue thy brother? where is he?
    That holds in chase mine honour vp and downe.
Bast. My brother *Robert*, old Sir *Roberts* sonne:
    Colbrand the Gyant, that same mighty man,
    Is it Sir *Roberts* sonne that you seeke so?
Lady. Sir *Roberts* sonne, I thou vnreuerend boy,
    Sir *Roberts* sonne? why scorn'st thou at sir *Robert*?
    He is Sir *Roberts* sonne, and so art thou.
Bast. *Iames Gournie*, wilt thou giue vs leaue a while?
Gour. Good leaue good *Philip*.
Bast. *Philip*, sparrow, *Iames*,

Den Pyrenäen und dem Flusse Po,
Naht immerhin das Abendbrot sich so.
Das ist die hochwohllöbliche Gesellschaft,
Die einem großen Geist wie meinem ziemt;
Denn der bleibt nur ein Bastard seiner Zeit,
Der nicht vor lauter Anpassung so dampft
Wie ich, ob ich nun rauche oder nicht.
Und nicht allein bei Kleidung und Gerätschaft,
Gehabe, äußerlicher Ausstaffierung,
Nein, aus innerm Antrieb, um das süße,
Süße, süße Gift mir zuzulegen
Das vom Zahn der Zeit tropft; dieses alles
Soll mir nicht dienen zum Betrug, nur dazu,
Mich vor Betrug zu schützen, will ichs lernen;
Als Streu für meines Aufstiegs glatte Stufen.
Doch wer kommt eilig hier im Reitkostüm?
Welch eine Weibspost? Hat sie keinen Gatten,
Der sich, ein Horn vor ihr zu blasen, müht?

    Lady Faulconbridge, James Gurney.

Ich Ärmster! Meine Mutter. – Werte Lady,
Was treibt so eilends Euch hierher zu Hofe?

LADY FAULCONBRIDGE Wo ist dein Bruder, dieser Schuft? Wo
 Der meine Ehre außer Atem bringt?   [ist er,

BASTARD Mein Bruder Robert? Sohn Sir Roberts? Der?
 Den Rübezahl, den Riesenmann, den meint Ihr?
 Sir Roberts Sohn, ist er es, den Ihr sucht?

LADY FAULCONBRIDGE Sir Roberts Sohn! Ja, ungezogner Kerl –
 Sir Roberts Sohn? – was lästerst du Sir Robert?
 Er ist Sir Roberts Sohn, genau wie du.

BASTARD James Gurney, gönn uns einen Augenblick.

GURNEY Ich geh schon, lieber Philip.

BASTARD   Philip? – Unsinn! –

23

There's toyes abroad, anon Ile tell thee more.
Exit Iames.
Madam, I was not old Sir *Roberts* sonne,
Sir *Robert* might haue eat his part in me
Vpon good Friday, and nere broke his fast:
Sir *Robert* could doe well, marrie to confesse
Could get me sir *Robert* could not doe it;
We know his handy-worke, therefore good mother
To whom am I beholding for these limmes?
Sir *Robert* neuer holpe to make this legge.

Lady. Hast thou conspired with thy brother too,
That for thine owne gaine shouldst defend mine honor?
What meanes this scorne, thou most vntoward knaue?
Bast. Knight, knight good mother, Basilisco-like:
What, I am dub'd, I haue it on my shoulder:
But mother, I am not Sir *Roberts* sonne,
I haue disclaim'd Sir *Robert* and my land,
Legitimation, name, and all is gone;
Then good my mother, let me know my father,
Some proper man I hope, who was it mother?
Lady. Hast thou denied thy selfe a *Faulconbridge*?
Bast. As faithfully as I denie the deuill.
Lady. *King Richard Cordelion* was thy father,
By long and vehement suit I was seduc'd
To make roome for him in my husbands bed:
Heauen lay not my transgression to my charge,
That art the issue of my deere offence
Which was so strongly vrg'd past my defence.
Bast. Now by this light were I to get againe,
Madam I would not wish a better father:
Some sinnes doe beare their priuiledge on earth,

James, viel Schönes ist im Werden: nächstens mehr.

Gurney ab.

Madam, ich war nicht Sir Roberts Sohn:
Sir Robert konnte seinen Teil aus mir
An Karfreitag beißen und dabei doch fasten:
Sir Robert konnte – heiraten, ja freilich,
Er konnt auch... zeugen, aber mich? Das konnte
Sir Robert nicht. Wir kennen seine Arbeit.
Drum also, gute Mutter, wem bin ich
Für dies Gebein was schuldig? Dieser Schenkel,
Sir Robert half gewiß nicht, ihn zu machen.

LADY FAULCONBRIDGE Hast du mit deinem Bruder dich ver-
Statt, dir zulieb, die Ehre mir zu retten?   [schworen,
Was soll die Lästerung, du frecher Bursche?

BASTARD Was heißt hier Bursche – Ritter, Mutter, Ritter:
Geschlagen, hörst du! Hier auf meine Schulter.
Und, Mutter, ich bin nicht Sir Roberts Sohn:
Entsagt hab ich Sir Robert und dem Acker;
Ehelichkeit, Name, alles hin.
Jetzt lehr mich, Mutter, wer mein Vater war;
Ein ganzer Mann, hoff ich: wer war es, Mutter? [zu sein?

LADY FAULCONBRIDGE Du weigerst dich, ein Faulconbridge

BASTARD So gläubig, wie ich mich dem Teufel weigre.

LADY FAULCONBRIDGE Coeur-de-lion, der König, war dein
Verführt ward ich durch zähes, wüstes Werben, [Vater:
Ihm Platz in meines Gatten Bett zu machen.
Leg mein Vergehn mir nicht zur Last, beim Himmel,
Der du das Zeugnis meines Fehltritts bist,
Hartnäckig meiner Schwäche abgetrotzt.

BASTARD Je nun, beim Himmelslicht, gings auf ein Neues,
Ich wollte keinen bessern Vater, Madam.
Vergebung finden manche Sünden unten,

And so doth yours: your fault, was not your follie,
Needs must you lay your heart at his dispose,
Subiected tribute to commanding loue,
Against whose furie and vnmatched force,
The awlesse Lion could not wage the fight,
Nor keepe his Princely heart from *Richards* hand:
He that perforce robs Lions of their hearts,
May easily winne a womans: aye my mother,
With all my heart I thanke thee for my father:
Who liues and dares but say, thou didst not well
When I was got, Ile send his soule to hell.
Come Lady I will shew thee to my kinne,
And they shall say, when *Richard* me begot,
If thou hadst sayd him nay, it had beene sinne;
Who sayes it was, he lyes, I say twas not.

Exeunt.

Scæna Secunda.

Enter before Angiers, Philip King of France, Lewis, Daul-
phin, Austria, Constance, Arthur.

Lewis. Before *Angiers* well met braue *Austria*,
  Arthur that great fore-runner of thy bloud,
  Richard that rob'd the Lion of his heart,
  And fought the holy Warres in *Palestine*,
  By this braue Duke came early to his graue:
  And for amends to his posteritie,
  At our importance hether is he come,
  To spread his colours boy, in thy behalfe,
  And to rebuke the vsurpation

Und so auch hier: dein Fall war nicht dein Fehler.
Natürlich stand dein Herz ihm zu Gebot,
Der herrscherlichen Liebe unterworfen,
Vor deren Glut und hoher Siegsgewißheit
Der kühne Löwe selber nichts vermochte,
Sein edles Herz gepflückt von Richards Hand.
Wer Löwenherzen sich gewaltig raubt,
Gewinnt wohl leicht ein Frauenherz. Ach, Mutter,
Aus tiefstem Herzen Dank für meinen Vater!
Der Lebende, der sagt, du hättst gefehlt
Bei der Empfängnis, wird von mir entseelt.
Kommt, Lady, lernt jetzt die Verwandtschaft kennen;
Und sagen solln sie, einzig euer Nein
Zu Richards Nahen könnt man Sünde nennen.
Wers nicht sagt, lügt: ich sag, es sollte sein!

Alle ab.

Zweiter Akt 1.Szene

Österreich. König Philipp. Lewis. Constance. Arthur.

LEWIS Vor Angiers willkommen, tapfrer Östreich.
KÖNIG PHILIPP Arthur, der große Ahnherr deines Bluts,
Der einst des Löwen Herz gepflückt hat, Richard,
Und heilge Kriege focht in Palästina,
Ihm verhalf der tapfre Herzog hier
Zum frühen Grab: auf unser Drängen, das
An dir, dem Erben, wiedergutzumachen,
Ist er hierher gekommen, seine Farben
Für deine Sache, Knabe, zu entfalten,
Und den Thron dir, wider die Natur

Of thy vnnaturall Vncle, English *Iohn*,
Embrace him, loue him, giue him welcome hether.

Arth. God shall forgiue you *Cordelions* death
    The rather, that you giue his off-spring life,
    Shadowing their right vnder your wings of warre:
    I giue you welcome with a powerlesse hand,
    But with a heart full of vnstained loue,
    Welcome before the gates of *Angiers* Duke.

Lewis. A noble boy, who would not doe thee right?
Aust. Vpon thy cheeke lay I this zelous kisse,
    As seale to this indenture of my loue:
    That to my home I will no more returne
    Till *Angiers*, and the right thou hast in *France*,
    Together with that pale, that white-fac'd shore,
    Whose foot spurnes backe the Oceans roaring tides,
    And coopes from other lands her Ilanders,
    Euen till that *England* hedg'd in with the maine,
    That Water-walled Bulwarke, still secure
    And confident from forreine purposes,
    Euen till that vtmost corner of the West
    Salute thee for her King, till then faire boy
    Will I not thinke of home, but follow Armes.

Const. O take his mothers thanks, a widdows thanks,
    Till your strong hand shall helpe to giue him strength,
    To make a more requitall to your loue.
Aust. The peace of heauen is theirs y^t lift their swords
    In such a iust and charitable warre.
King. Well, then to worke our Cannon shall be bent
    Against the browes of this resisting towne,

Geraubt von deinem Onkel, Englands John,
Zurückzufordern. Nun umarme ihn,
Hab ihn recht lieb, und heiße ihn willkommen.
ARTHUR Den Tod Coeur-de-lions vergibt Euch Gott,
Sofern Ihr nur dem Sprößling Leben gebt,
Im Schatten Eurer kriegerischen Flügel
Sein Recht beschirmend: ist auch meine Hand
Ganz und gar machtlos, schlägt Euch doch mein Herz
Voll ungetrübter Zuneigung entgegen:
Willkommen vor den Toren von Angiers.
LEWIS Wer, edler Knabe, wollte nicht dein Recht?
ÖSTERREICH Auf deiner Wange siegelt dieser Kuß
Dir dies Gelöbnis meiner Bündnistreue:
Daß ich nach Haus mich nimmer wenden will
Eh nicht Angiers und alle andern Lehen,
Die dein in Frankreich sind, zusammen mit
Der bleichen, blaßgesicht'gen Klippe,
Die mit dem Fuß die wilde Salzflut tritt,
Ihr Inselvolk vor andern Ländern bergend,
Eh nicht dies England, von der See umhegt,
Dies Bollwerk, rings vom Wasserwall umzäunt,
Und fremdem Zugriff selbstherrlich verschlossen,
Eh nicht auch dieser westlichste der Winkel
Dich seinen König nennt; bis dahin, Junge,
Bin ich nicht mehr zuhaus, nur unter Waffen.
CONSTANCE Nehmt seiner Mutter Dank, den Dank der
Bis eure starke Hand ihm Kraft verleiht,   [Witwe,
Euch Eure Liebe reicher zu belohnen.
ÖSTERREICH Des Himmels Frieden liegt auf solchen Schwer-
Die ein gerechter, guter Krieg blank macht.   [tern,
KÖNIG PHILIPP Nun denn, ans Werk; wir richten das Geschütz
Auf die Stirn der unbotmäßen Stadt.

Call for our cheefest men of discipline,
To cull the plots of best aduantages:
Wee'll lay before this towne our Royal bones,
Wade to the market-place in *French*-mens bloud,
But we will make it subiect to this boy.

Con. Stay for an answer to your Embassie,
Lest vnaduis'd you staine your swords with bloud,
My Lord *Chattilion* may from *England* bring
That right in peace which heere we vrge in warre,
And then we shall repent each drop of bloud,
That hot rash haste so indirectly shedde.

Enter Chattilion.

King. A wonder Lady: lo vpon thy wish
Our Messenger *Chattilion* is arriu'd,
What *England* saies, say breefely gentle Lord,
We coldly pause for thee, *Chatilion* speake,

Chat. Then turne your forces from this paltry siege,
And stirre them vp against a mightier taske:
England impatient of your iust demands,
Hath put himselfe in Armes, the aduerse windes
Whose leisure I haue staid, haue giuen him time
To land his Legions all as soone as I:
His marches are expedient to this towne,
His forces strong, his Souldiers confident:
With him along is come the Mother Queene,
An Ace stirring him to bloud and strife,
With her her Neece, the Lady *Blanch of Spaine*,
With them a Bastard of the Kings deceast,
And all th'vnsetled humors of the Land,
Rash, inconsiderate, fiery voluntaries,

Ruft unsre besten Feldherrn mir zusammen,
Um unsres Vorteils Standort auszumitteln:
Mögen uns die königlichen Knochen
Vor dieser Stadt vermodern, mögen wir
Zu Markte waten in Franzosenblut,
Wir unterwerfen sie dem Knaben hier.
CONSTANCE Halt, wartet ab, was eure Botschaft wirkte,
Bevor ihr fälschlich euer Schwert in Blut taucht:
Kann sein, Lord Chatillon bringt uns aus England
In Frieden jenes Recht, auf das wir mit
Der Faust des Kriegs hier pochen, und dann reut uns
Der kleinste Tropfen Blut, den Hast vergoß.

Chatillon.

KÖNIG PHILIPP Ein Wunder, Lady! Seht, auf Euren Wunsch
Kehrt der Gesandte eben da zurück!
Sagt kurz, was England sagt, geschätzter Lord,
Wir warten kalten Sinns; sprecht, Chatillon.
CHATILLON Übt euch nicht mehr in kleinlichem Belagern,
Ein größer Treffen harrt nun eurer Truppen.
England, willens nicht, euch nachzugeben,
Hat sich gerüstet: ungünstige Winde,
Mich hindernd, schafften ihm die Spanne Zeit,
Zugleich mit mir die Streitmacht anzulanden;
Er nähert dieser Stadt im Eilmarsch sich,
Mit starken Kräften, siegessicherer Mannschaft.
Die Königin-Mutter ist an seiner Seite,
Wie Ate ihn zu Blut und Zwietracht stachelnd;
Mit ihr ihr Enkelkind, die Lady Blanche
Von Spanien; obendrein ein Bastardsohn
Des hingeschiednen Königs, sowie alle
Unzufriedenen des Landes, rasch
Aufgebrachte, wild entschlossne Söldner,

With Ladies faces, and fierce Dragons spleenes,
Haue sold their fortunes at their natiue homes,
Bearing their birth-rights proudly on their backs,
To make a hazard of new fortunes heere:
In briefe, a brauer choyse of dauntlesse spirits
Then now the *English* bottomes haue waft o're,
Did neuer flote vpon the swelling tide,
To doe offence and scathe in Christendome:
The interruption of their churlish drums
Cuts off more circumstance, they are at hand,

Drum beats.

To parlie or to fight, therefore prepare.
Kin. How much vnlook'd for, is this expedition.
Aust. By how much vnexpected, by so much
    We must awake indeuor for defence,
    For courage mounteth with occasion,
    Let them be welcome then, we are prepar'd.
    Enter K. of England, Bastard, Queene, Blanch, Pembroke,
        and others.
K. Iohn. Peace be to *France*: If France in peace permit
    Our iust and lineall entrance to our owne;
    If not, bleede *France*, and peace ascend to heauen.
    Whiles we Gods wrathfull agent doe correct
    Their proud contempt that beats his peace to heauen.

Fran. Peace be to *England*, if that warre returne
    From *France* to *England*, there to liue in peace:
    England we loue, and for that *Englands* sake,
    With burden of our armor heere we sweat:
    This toyle of ours should be a worke of thine;
    But thou from louing *England* art so farre,
    That thou hast vnder-wrought his lawfull King,

Mit Kindsgesichtern voller Beutegier,
Die Haus und Hof daheim versilbert haben,
Um hierzuland, ihr Bürgerrecht im Ranzen,
Ihr Glück aufs Neue zu versuchen: kurz,
Nie schiffte eine zünftigere Auswahl
Unerschrockner Geister, als sie Englands
Kiele jetzt herübertrugen, auf
Des Weltenmeeres hochgeschwollner Dünung,
Zu Leid und Ärgernis der Christenheit.
Doch ihrer groben Trommeln Unterbruch
Beschneidet den Bericht: hier kommen sie,
Zu Wortstreit oder Kampf; seid auf der Hut.
KÖNIG PHILIPP Wie überraschend dieser Angriff kommt!
ÖSTERREICH Je unerwarteter, desto mehr muß er
Die Abwehrkräfte wecken; Not macht kühn:
Heißt sie willkommen; wir sind auf der Hut.

König John. Königin Eleanor. Blanche. Bastard. Lords.

KÖNIG JOHN Für Frankreich Frieden, wenn in Frieden
Einzug uns gewährt in unsre Stadt;   [Frankreich
Wenn nicht, dann blute Frankreich, und der Frieden
Steige himmelwärts, indes als Geißel Gottes
Wir jene züchtigen, die überheblich
Seinen Frieden an den Himmel schlugen.   [Frankreich
KÖNIG PHILIPP Für England Frieden, wenn sein Krieg aus
Zurück nach England kehrt, dem Frieden lebend.
Wir lieben England, und für Englands Wohl ists,
Daß wir unter der Last des Blechs hier schwitzen.
Die Mühsal, unsre, wäre deine Arbeit;
Doch du, entfernt davon, England zu lieben,
Verdrängtest seinen König, ungesetzlich,

Cut off the sequence of posterity,
Out-faced Infant State, and done a rape
Vpon the maiden vertue of the Crowne:
Looke heere vpon thy brother *Geffreyes* face,
These eyes, these browes, were moulded out of his;
This little abstract doth containe that large,
Which died in *Geffrey*: and the hand of time,
Shall draw this breefe into as huge a volume:
That *Geffrey* was thy elder brother borne,
And this his sonne, *England* was *Geffreys* right,
And this is *Geffreyes* in the name of God:
How comes it then that thou art call'd a King,
When liuing blood doth in these temples beat
Which owe the crowne, that thou ore-masterest?

K. Iohn. From whom hast thou this great commission *France*,
To draw my answer from thy Articles?

Fra. From that supernal Iudge that stirs good thoughts
In any beast of strong authoritie,
To looke into the blots and staines of right,
That Iudge hath made me guardian to this boy,
Vnder whose warrant I impeach thy wrong,
And by whose helpe I meane to chastise it.

K. Iohn. Alack thou dost vsurpe authoritie.

Fran. Excuse it is to beat vsurping downe.

Queen. Who is it thou dost call vsurper *France*?

Const. Let me make answer: thy vsurping sonne.

Queen. Out insolent, thy bastard shall be King,
That thou maist be a Queen, and checke the world.

Con. My bed was euer to thy sonne as true
As thine was to thy husband, and this boy
Liker in feature to his father *Geffrey*

Und schnittest ihn von seinem Erbe ab,
Vergingst an eines Kindes Hoheit dich,
Und tatst Gewalt der jungfräulichen Krone.
Sieh her auf Geoffreys, deines Bruders, Antlitz:
Die Augen hier, die Brauen, sind sie nicht
Den seinen nachgebildet? Dieser Ausschnitt
Enthält das Ganze, das mit Geoffrey starb:
Die Hand der Zeit zieht bald gleich großen Umriß.
Da Geoffrey dir der ältre Bruder war,
Und dies sein Sohn, und England Geoffreys Anrecht,
Und dies sein Erbe: wie, in Gottes Namen,
Kommt es, daß du König wirst genannt,
Wo warmes Blut in diesen Schläfen pocht,
Den Inhabern der Krone, die du wegnahmst?

KÖNIG JOHN Von wem bist du ermächtigt, Frankreich, hier
So Punkt für Punkt zur Rede mich zu stellen?

KÖNIG PHILIPP Vom höchsten Richter, welcher in der Brust
Der Mächtigen das edle Streben wachruft,
Des Rechts Befleckung streng zu unterbinden.
Er machte mich zum Wächter dieses Knaben:
Von ihm befugt, verklag ich dein Vergehn,
Mit seinem Beistand werde ich es ahnden.

KÖNIG JOHN O, angemaßtes Stellvertretertum.

KÖNIG PHILIPP Vergeben, da es Anmaßung zerschlägt.

KÖNIGIN ELEANOR Wen, Frankreich, nennst du anmaßend?

CONSTANCE   Laßt mich
Antworten: deinen anmaßlichen Sohn.

KÖNIGIN ELEANOR Weg, Ausbund! Krönen soll man deinen
Damit du herrschen kannst in aller Welt!   [Bankert,

CONSTANCE Mein Bett hielt deinem Sohn die Treue, so
Wie deinem Gatten deins; und dieser Knabe
Gleicht seinem Vater Geoffrey an Gestalt

Then thou and *Iohn*, in manners being as like,
As raine to water, or deuill to his damme;
My boy a bastard? by my soule I thinke
His father neuer was so true begot,
It cannot be, and if thou wert his mother.

Queen. Theres a good mother boy, that blots thy father
Const. There's a good grandame boy
 That would blot thee.
Aust. Peace.
Bast. Heare the Cryer.
Aust. What the deuill art thou?

Bast. One that wil play the deuill sir with you,
 And a may catch your hide and yon alone:
 You are the Hare of whom the Prouerb goes
 Whose valour plucks dead Lyons by the beard;
 Ile smoake your skin-coat and I catch you right,
 Sirra looke too't, yfaith I will, yfaith.
Blan. O well did he become that Lyons robe,
 That did disrobe the Lion of that robe.
Bast. It lies as sightly on the backe of him
 As great *Alcides* shooes vpon an Asse:
 But Asse, Ile take that burthen from your backe,
 Or lay on that shall make your shoulders cracke.
Aust. What cracker is this same that deafes our eares
 With this abundance of superfluous breath?
King. *Lewis*, determine what we shall doe strait.
Lew. Women & fooles, breake off your conference.
King. *Iohn*, this is the very summe of all:
 England and *Ireland, Angiers, Toraine, Maine,*
 In right of *Arthur* doe I claime of thee:

Viel mehr, als John und du sich im Benehmen,
Die ihr so gleich wie Wasser seid und Regen,
So wie der Teufel und sein Muttertier.
Mein Sohn ein Bankert! Du mein Seel, ich denke,
Sein Vater ward so ehrlich nicht gezeugt:
Es kann nicht sein, wenn du die Mutter bist.

KÖNIGIN ELEANOR Die liebe Mutter, Junge, schmäht den Vater.
CONSTANCE Die liebe Omi, Junge, sie schmäht dich.

ÖSTERREICH Ruhe!
BASTARD   Hört den Schreier!
ÖSTERREICH   Wer, zum Teufel,
    Bist du?
BASTARD   Einer, der den Teufel spielt,
    Mit Euch, Herr, trifft er erst Eur Fell und Euch
    Allein: Ihr seid der Hase aus dem Sprichwort,
    Der tote Löwen kühn am Barthaar zupft.
    Ich schlage Euch aus Eurer Mantelhaut,
    Herr, seht Euch vor; ich tus, bei Gott, ich tus.
BLANCHE O, wie herrlich stand das Löwengewand
    Dem, der dies Gewand dem Löwen entwand!
BASTARD Es sitzt so stattlich ihm im Kreuz, als ritte
    Der große Herakles auf einem Esel:
    Euch, Esel, wird die Last noch leicht gemacht,
    Oder beschwert, bis Euch die Schulter kracht.
ÖSTERREICH Wer ist der Kracher, der das Ohr betäubt,
    Mit diesem Überfluß an heißer Luft?
KÖNIG PHILIPP So unternimm doch endlich etwas, Lewis!
LEWIS Weiber und Narren, Schluß der Konferenz.
KÖNIG PHILIPP Ich fasse, König John, nunmehr zusammen:
    Zu Gunsten Arthurs fordern wir von dir
    England, Irland, Anjou, Touraine, Maine.

Wilt thou resigne them, and lay downe thy Armes?

Iohn. My life as soone: I doe defie thee *France*,
 Arthur of *Britaine*, yeeld thee to my hand,
 And out of my deere loue Ile giue thee more,
 Then ere the coward hand of *France* can win;
 Submit thee boy.

Queen. Come to thy grandame child.

Cons. Doe childe, goe to yt grandame childe,
 Giue grandame kingdome, and it grandame will
 Giue yt a plum, a cherry, and a figge,
 There's a good grandame.

Arthur. Good my mother peace,
 I would that I were low laid in my graue,
 I am not worth this coyle that's made for me.

Qu. Mo. His mother shames him so, poore boy hee weepes.

Con. Now shame vpon you where she does or no,
 His grandames wrongs, and not his mothers shames
 Drawes those heauen-mouing pearles from his poor eies,
 Which heauen shall take in nature of a fee:
 I, with these Christall beads heauen shall be brib'd
 To doe him Iustice, and reuenge on you.

Qu. Thou monstrous slanderer of heauen and earth.

Con. Thou monstrous Iniurer of heauen and earth,
 Call not me slanderer, thou and thine vsurpe
 The Dominations, Royalties, and rights
 Of this oppressed boy; this is thy eldest sonnes sonne,
 Infortunate in nothing but in thee:
 Thy sinnes are visited in this poore childe,
 The Canon of the Law is laide on him,

Trittst du sie ab und legst die Waffen nieder?
KÖNIG JOHN Mit meinem Leben: Frankreich, ich trotze dir.
  Arthur von Brittany, ergib dich, und
  In treuer Liebe schenke ich dir mehr,
  Als Frankreichs feige Hand gewinnen kann:
  Drum unterwirf dich.
KÖNIGIN ELEANOR   Komm zu Großmama.
CONSTANCE Tus, Kind, geh zur Großmama, Kind, gib
  Großmama Königreich, und Großmama
  Gibt dir ein Pfläumchen, eine Kirsche, und 'ne Feige:
  Die gute Großmama.
ARTHUR   Still, liebste Mutter!
  Ich möchte tief in meinem Grabe liegen:
  Ich bin den Lärm um mich nicht wert.
KÖNIGIN ELEANOR   Er weint,
  Der arme Junge, ob der Mutter Schande.
CONSTANCE Schande euch, ob ich der Grund, ob nicht!
  Großmutters Bosheit, nicht der Mutter Schande,
  Entlockt den armen Augen diese Perlen,
  Die so den Himmel rühren, daß er sie
  Gleich einem Unterpfand annimmt, jawohl,
  Für diese Diamanten wird der Himmel
  Ihm Recht verschaffen, und an euch ihn rächen.
KÖNIGIN ELEANOR Du Ungeheuer lästerst Erd und Himmel!
CONSTANCE Du Ungeheuer schändest Erd und Himmel!
  Nenn mich nicht Lästerin; du und die Deinen,
  Ihr usurpiert das Land, die Privilegien
  Und Rechte dieses hart bedrängten Knaben:
  Er ist dein Sohnessohn, der älteste,
  Durch nichts im Nachteil, es sei denn durch dich:
  Gestraft wird dieses Kind für deine Sünden,
  Die Schärfe des Gebotes trifft nun ihn,

Being but the second generation
Remoued from thy sinne-conceiuing wombe.
Iohn. Bedlam haue done.
Con. I haue but this to say,
    That he is not onely plagued for her sin,
    But God hath made her sinne and her, the plague
    On this remoued issue, plagued for her,
    And with her plague her sinne: his iniury
    Her iniurie the Beadle to her sinne,
    All punish'd in the person of this childe,
    And all for her, a plague vpon her.

Que. Thou vnaduised scold, I can produce
    A Will, that barres the title of thy sonne.

Con. I who doubts that, a Will: a wicked will,
    A womans will, a cankred Grandams will.

Fra. Peace Lady, pause, or be more temperate,
    It ill beseemes this presence to cry ayme
    To these ill-tuned repetitions:
    Some Trumpet summon hither to the walles
    These men of Angiers, let vs heare them speake,
    Whose title they admit, *Arthurs* or *Iohns.*

Trumpet sounds.
Enter a Citizen vpon the walles.
Cit. Who is it that hath warn'd vs to the walles?
Fra. 'Tis France, for England.
Iohn. England for it selfe:
    You men of Angiers, and my louing subiects.
Fra. You louing men of Angiers, *Arthurs* subiects,

Der erst dem zweiten Gliede angehört,
Das deinem sündenschwangren Schoß entfiel.

KÖNIG JOHN Irre, schweig still.

CONSTANCE   Nur dies muß ich noch sagen,
   Daß Gott nicht ihn nur plagt für ihre Sünden,
   Er schuf zur Plage sie und ihre Sünden
   Dem eignen Wurf, geplagt für sie, geplagt
   Mit ihr, und mit ihr eine Plage: sein
   Verbrechen ihre Sünde, ihr Verbrechen
   Seiner Sünde Büttel, alles das
   Wird an dem Kind hier heimgesucht, und alles
   Ihretwegen; auf sie alle Plagen!

KÖNIGIN ELEANOR Du unberatne Hexe, zeigen kann ich
   Ein Papier, mit einem Letzten Willen,
   Der deinen Sohn vom Titel ausschließt.

CONSTANCE   Ja,
   Kein Zweifel! Letzter Wille! Böser Wille;
   Weiberwille; giftiger Altweiberwille!

KÖNIG PHILIPP Ruhe, Lady! Haltet inne oder
   Mäßigt Euch: es ziemt nicht unserm Beisein
   Zu dieser mißgestimmten Leier ein-
   Zufallen. Ein Trompeter rufe hierher, auf
   Die Mauern, diese Bürger von Angiers:
   Laßt uns hören, wessen Titel sie
   Anerkennen, Arthurs oder Johns.

   Trompete. Der Bürger erscheint auf der Mauer.

BÜRGER Wer ist es, der uns auf die Mauern ruft?

KÖNIG PHILIPP Frankreich, für England.

KÖNIG JOHN   England für es selbst.
   Ihr Männer, meine treuen Untertanen –

KÖNIG PHILIPP Ihr treuen Männer, Arthurs Untertanen,

41

Our Trumpet call'd you to this gentle parle.
Iohn. For our aduantage, therefore heare vs first:
These flagges of France that are aduanced heere
Before the eye and prospect of your Towne,
Haue hither march'd to your endamagement.
The Canons haue their bowels full of wrath,
And ready mounted are they to spit forth
Their Iron indignation 'gainst your walles:
All preparation for a bloody siedge
And merciles proceeding, by these French.
Comfort yours Citties eies, your winking gates:
And but for our approch, those sleeping stones,
That as a waste doth girdle you about
By the compulsion of their Ordinance,
By this time from their fixed beds of lime
Had bin dishabited, and wide hauocke made
For bloody power to rush vppon your peace.
But on the sight of vs your lawfull King,
Who painefully with much expedient march
Haue brought a counter-checke before your gates,
To saue vnscratch'd your Citties threatned cheekes:
Behold the French amaz'd vouchsafe a parle,
And now insteed of bulletts wrapt in fire
To make a shaking feuer in your walles,
They shoote but calme words, folded vp in smoake,
To make a faithlesse errour in your eares,
Which trust accordingly kinde Cittizens,
And let vs in. Your King, whose labour'd spirits
Fore-wearied in this action of swift speede,
Craues harbourage within your Citie walles.

Unsre Trompete rief euch zur Verhandlung –
KÖNIG JOHN Auf Druck von uns; darum hört uns zuerst.
Die Fahne Frankreichs, aufgezogen vor
Den Augen und im Weichbild eurer Stadt,
Ist angerückt, Zerstörung euch zu bringen.
Von Zorn erfüllt ist der Kanonen Innres,
Und aufgestellt sind sie, an eure Mauern
Die eiserne Verstimmung hinzuspein:
Die Zurüstungen für den blutgen Sturm,
Und für ein gnadenloses Vorgehn dieser Franzen,
Verschönern eure Aussicht, machen eure
Tore blinzeln, und wenn wir nicht wären,
So hätte dieses schlafende Gestein,
Das gleichsam als ein Mieder euch umgürtet,
Vorm Anprall ihrer Feldhaubitzen längst
Ausgewohnt sein starres Bett aus Mörtel,
Und, eingestürzt, der blutbeschmierten Macht
Erlaubt, auf euren Frieden sich zu werfen.
Allein, kaum unserer, des rechtmäßigen
Königs ansichtig geworden, der
Beschwerlich und im Eilmarsch Gegenkräfte
An eure Tore brachte, um die Wangen,
Die bedrohten, eurer Stadt, vor Schrammen
Zu bewahren, siehe da, verdutzt
Bequemt der Franzmann sich, zu unterhandeln;
Worauf sie, statt mit feurgeschweiften Kugeln
In eure Mauern Schüttelfrost zu senden,
Nur zahme Reden schießen, qualmumwölkte,
Um eure Ohren ruchlos zu beirren:
Traut ihnen dementsprechend, gute Bürger,
Und laßt uns, euren König, ein, der wir,
Erschöpft und müde vom geschwinden Anmarsch,

France. When I haue saide, make answer to vs both.
    Loe in this right hand, whose protection
    Is most diuinely vow'd vpon the right
    Of him it holds, stands yong *Plantagenet*,
    Sonne to the elder brother of this man,
    And King ore him, and all that he enioyes:
    For this downe-troden equity, we tread
    In warlike march, these greenes before your Towne,
    Being no further enemy to you
    Then the constraint of hospitable zeale,
    In the releefe of this oppressed childe,
    Religiously prouokes. Be pleased then
    To pay that dutie which you truly owe,
    To him that owes it, namely, this yong Prince,
    And then our Armes, like to a muzled Beare,
    Saue in aspect, hath all offence seal'd vp:
    Our Cannons malice vainly shall be spent
    Against th' involuerable clouds of heauen,
    And with a blessed and vn-vext retyre,
    With vnhack'd swords, and Helmets all vnbruis'd,
    We will beare home that lustie blood againe,
    Which heere we came to spout against your Towne,
    And leaue your children, wiues, and you in peace.
    But if you fondly passe our proffer'd offer,
    'Tis not the rounder of your old-fac'd walles,
    Can hide you from our messengers of Warre,
    Though all these English, and their discipline
    Were harbour'd in their rude circumference:

In euren Mauern uns Quartier erbitten.
KÖNIG PHILIPP Gebt Antwort uns, wenn wir gesprochen
Seht her, an dieser Hand, der rechten, die   [haben.
Den heilgen Schwur tat, dessen Recht zu schützen,
Den sie hier hält, steht Jung-Plantagenet,
Der Sohn des ältren Bruders dieses Manns,
Und König über ihn und seinen Prunk:
Für diesen plattgetretnen Anspruch treten
Wir in kriegerischem Marsch das Gras
Vor eurer Stadt, nicht weiter euer Feind,
Als unsre Pflicht, dem hart bedrängten Kind
Gastfreundlich eifernd Beistand zu gewähren,
Uns Anlaß gibt. Gefallen möge es
Euch, gehorsam dem zu sein, dem ihr
Gehorsam schuldet, diesem jungen Prinzen:
Und unsern Waffen, traulich anzusehn
Als wie ein Bär mit Maulkorb, ist der Angriff
Versiegelt; die Gewalt der Feldgeschütze
Entlädt sich harmlos an des Himmels Wolken,
Den unverwundbaren; ein segensvoller,
Störungsfreier Rückzug glatter Schwerter
Und unzerhackter Helme bringt nach Haus
Das kühne Blut, das wir an eure Stadt
Verspritzen wollten, und in Frieden lassen
Wir euch und eure Fraun und Kinder. Aber
Schlagt ihr töricht unser angebotnes
Erbieten aus, so wird der Zirkel euch
Von euren altergrauten Festungsmauern
Mitnichten vor den Furien des Krieges
Bergen, mögen all die Englischen,
Samt ihrer Feldherrnkunst, in seiner Rundung,
Der klobigen, auch lagern. Sagt Uns nun,

Then tell vs, Shall your Citie call vs Lord,
In that behalfe which we haue challeng'd it?
Or shall we giue the signall to our rage,
And stalke in blood to our possession?
Cit. In breefe, we are the King of Englands subiects
For him, and in his right, we hold this Towne.
Iohn. Acknowledge then the King, and let me in.
Cit. That can we not: but he that proues the King
To him will we proue loyall, till that time
Haue we ramm'd vp our gates against the world.
Iohn. Doth not the Crowne of England, prooue the
King?
And if not that, I bring you Witnesses
Twice fifteene thousand hearts of Englands breed.
Bast. Bastards and else.
Iohn. To verifie our title with their liues.
Fran. As many and as well-borne bloods as those.
Bast. Some Bastards too.
Fran. Stand in his face to contradict his claime.
Cit. Till you compound whose right is worthiest,
We for the worthiest hold the right from both.
Iohn. Then God forgiue the sinne of all those soules,
That to their euerlasting residence,
Before the dew of euening fall, shall fleete
In dreadfull triall of our kingdomes King.
Fran. Amen, Amen, mount Cheualiers to Armes.
Bast. Saint *George* that swindg'd the Dragon,
And ere since sit's on's horsebacke at mine Hostesse dore
Teach vs some fence. Sirrah, were I at home
At your den sirrah, with your Lionnesse,
I would set an Oxe-head to your Lyons hide:

Erkennt die Stadt Uns als den Herren an,
In dieser Sach, um die wir sie bedrohn?
Oder soll die Wut Signal erhalten,
Und wir betreten blutig das, was unser?
BÜRGER Wir, um es kurz zu machen, sind dem König
Von England untertan: 's ist seine Stadt.
KÖNIG JOHN So wißt den König denn, und laßt mich ein.
BÜRGER Wir können nicht; wer sich erweist als König,
Dem sind wir ergeben: bis dahin
Verschließen wir die Tore aller Welt.
KÖNIG JOHN Erweist die Krone Englands nicht den König?
Wenn nicht, dann bringe ich euch Zeugen, zweimal
Fünfzehntausend Mann aus Englands Zucht –

BASTARD Bankerte und andres.
KÖNIG JOHN Die unsern Titel auf ihr Leben nehmen.
KÖNIG PHILIPP Gleich viele Männer, ganz von gleichem
BASTARD Auch ein paar Bankerte.   [Rang –
KÖNIG PHILIPP Stehn gegen ihn, den Anspruch abzuwehren.
BÜRGER Bis ihr euch einigt, wessen Recht das bessre,
Bewahrn dem Bessren wir das Recht vor beiden.
KÖNIG JOHN Dann gnade Gott den Seelen aller Sünder,
Die zu ihrer ewigen Behausung,
Eh noch der Tau des Abends fällt, entfliehn,
Im grausen Streit um dieses Reiches König!
KÖNIG PHILIPP Amen, Amen! Chevaliers, zu Pferd!
BASTARD Sankt Schorsch, der du den Drachen spießtest, und
Seither vor jeder Wirtshaustüre reitest,
Lehr uns fechten!
Zu Österreich.   Herr, wär ich zuhaus
In deiner Höhle, Herr, bei deiner Löwin,
Ich setzte Hörner dir aufs Löwenfell,

And make a monster of you.

Aust. Peace, no more.

Bast. O tremble: for you heare the Lyon rore.

Iohn. Vp higher to the plaine, where we'l set forth
In best appointment all our Regiments.

Bast. Speed then to take aduantage of the field.

Fra. It shall be so, and at the other hill
Command the rest to stand, God and our right.   *Exeunt*

*Heere after excursions, Enter the Herald of France
with Trumpets to the gates.*

F. Her. You men of Angiers open wide your gates,
And let yong *Arthur* Duke of Britaine in,
Who by the hand of France, this day hath made
Much worke for teares in many an English mother,
Whose sonnes lye scattered on the bleeding ground:
Many a widdowes husband groueling lies,
Coldly embracing the discoloured earth,
And victorie with little losse doth play
Vpon the dancing banners of the French,
Who are at hand triumphantly displayed
To enter Conquerors, and to proclaime
Arthur of Britaine, Englands King, and yours.

Enter English Herald with Trumpet.

E. Har. Reioyce you men of Angiers, ring your bels,
King *Iohn*, your king and Englands, doth approach,
Commander of this hot malicious day,
Their Armours that march'd hence so siluer bright,
Hither returne all gilt with Frenchmens blood:
There stucke no plume in any English Crest,
That is remoued by a staffe of France.
Our colours do returne in those same hands

Ein feines Ungeheuer.

ÖSTERREICH   Schluß jetzt! Nichts mehr.

BASTARD O, zittre: denn du hörst den Löwen brüllen!

KÖNIG JOHN Besetzt die Ebene; dort stellen wir
  Unsre Regimenter günstig auf.

BASTARD Dann rasch, daß wir im Feld den Vorteil haben.

KÖNIG PHILIPP So soll es sein; und auf den andern Hügel
  Befehlt ihr mir den Rest. Gott und mein Recht!

Die Könige etc. nach verschiedenen Seiten ab. Schlacht.
Herold Frankreichs. Trompeten.

HEROLD FRANKREICH Ihr Männer von Angiers, öffnet die Tore,
  Und laßt Jung-Arthur ein, Brittanys Herzog,
  Der diesen Tag, durch Frankreichs Hand, zum Springquell
  Vieler Tränen vieler Mütter Englands
  Hat werden lassen, deren Söhne zahllos
  Das blutige Gefild bedecken: bäuchlings
  Liegt vieler Witwen Gatte, kalt umarmend
  Die entfärbte Erde; und der Sieg,
  Bei unerheblichen Verlusten, spielt
  Um der Franzosen flatternde Paniere,
  Die schon bereit stehn, im Triumphzug nun
  Als Sieger einzuziehn und auszurufen
  Arthur zu Englands König und dem euren.

Herold Englands. Trompeten.

HEROLD ENGLAND Ihr Männer von Angiers, läutet die Glocken;
  Denn euer König John naht, Englands König,
  Herr über diesen kriegrisch heißen Tag.
  Sie, deren Harnisch silberhell erglänzte,
  Sind mit Franzosenblut nun ganz vergoldet;
  Nicht eine Feder stak in Englands Helmzier,
  Die jetzt auf einem Speer aus Frankreich steckte;
  Die Farben Englands kehren in den Händen,

That did display them when we first marcht forth:
And like a iolly troope of Huntsmen come
Our lustie English, all with purpled hands,
Dide in the dying slaughter of their foes,
Open your gates, and giue the Victors way.
Hubert. Heralds, from off our towres we might behold
From first to last, the on-set and retyre
Of both your Armies, whose equality
By our best eyes cannot be censured: (blowes:
Blood hath bought blood, and blowes haue answerd
Strength matcht with strength, and power confronted
   power,
Both are alike, and both alike we like:
One must proue greatest. While they weigh so euen,
We hold our Towne for neither: yet for both.

Enter the two Kings with their powers,
at seuerall doores.

Iohn. France, hast thou yet more blood to cast away?
Say, shall the currant of our right rome on,
Whose passage vext with thy impediment,
Shall leaue his natiue channell, and ore-swell
With course disturb'd euen thy confining shores,
Vnlesse thou let his siluer Water, keepe
A peacefull progresse to the Ocean.
Fra. England thou hast not sau'd one drop of blood
In this hot triall more then we of France,
Rather lost more. And by this hand I sweare
That swayes the earth this Climate ouer-lookes,
Before we will lay downe our iust-borne Armes,
Wee'l put thee downe, 'gainst whom these Armes wee
Or adde a royall number to the dead: (beare,
Gracing the scroule that tels of this warres losse,

Die sie entrollten, wiederum zurück;
Und, wie ein Trupp Jäger fröhlich, kommen
Unsre Englischen mit Fäusten purpurn
Getaucht in ihrer Feinde Blut: drum öffnet
Eure Tore, laßt die Sieger ein.
BÜRGER Ihr Herolde, von unsern Türmen sahn wir
Beginn und Schluß, den Angriff und den Rückzug
Eurer Heere; welches überwog,
War auch den schärfsten Augen nicht ersichtlich:
Blut zahlte Blut, und Hiebe gaben Hiebe,
Mut traf auf Mut, und Stärke stand vor Stärke:
Gleichwertig sind sie, und gleich wert uns beide.
Solange keiner sich der Größre zeigt,
Hält unsre Stadt zu beiden, also keinem.

König John. Königin Eleanor. Blanche. Bastard. Lords.
König Philipp. Lewis. Österreich.

KÖNIG JOHN Hast du mehr Blut, es wegzuschütten, Frank-
Der Strom des Rechts, sag, kann er weiterfließen? [reich?
In seinem Lauf von dir gestaut, verläßt er
Sein angestammtes Bett und überflutet
Regellos auch deine Nachbarküste,
Wenn du sein silbriges Gewässer nicht
In das Meer sich friedvoll läßt ergießen.
KÖNIG PHILIPP England, du hast keinen Tropfen Blut
Vor uns voraus bei diesem Hochgericht;
Verlorst ehr mehr. Und bei der Hand hier, die
Beherrscht, was dieser Himmel überschaut,
Schwöre ich, daß wir die Waffen, die wir
Zu Recht erhoben, niemals niederlegen,
Bis, gegen den wir sie erhoben, du,
Gestürzt bist, oder wir um einen König

With slaughter coupled to the name of kings.

Bast. Ha Maiesty: how high thy glory towres,
When the rich blood of kings is set on fire:
Oh now doth death line his dead chaps with steele,
The swords of souldiers are his teeth, his phangs,
And now he feasts, mousing the flesh of men
In vndetermin'd differences of kings.
Why stand these royall fronts amazed thus:
Cry hauocke kings, backe to the stained field
You equall Potents, fierie kindled spirits,
Then let confusion of one part confirm
The others peace: till then, blowes, blood, and death.
Iohn. Whose party do the Townesmen yet admit?
Fra. Speake Citizens for England, whose your king.
Hub. The king of England, when we know the king.
Fra. Know him in vs, that heere hold vp his right.
Iohn. In Vs, that are our owne great Deputie,
And beare possession of our Person heere,
Lord of our presence Angiers, and of you.
Citi. A greater powre then We denies all this,
And till it be vndoubted, we do locke
Our former scruple in our strong barr'd gates:
Kings of our feare, vntill our feares resolu'd
Be by some certaine king, purg'd and depos'd.

Bast. By heauen, these scroyles of Angiers flout you kings,
And stand securely on their battelments,
As in a Theater, whence they gape and point
At your industrious Scenes and acts of death.
Your Royall presences be rul'd by mee,

Die Totenlisten dieses Kriegs verlängern,
Und sie durch eine große Leiche adeln.
BASTARD Ha, Majestät! Wie sich dein Ehrgeiz aufschwingt,
Wenn Königsblut so recht in Flammen steht!
O, jetzt beschlägt der Tod die Knochenkiefer
Sich mit Stahl, setzt Schwerter ein als Zähne;
Jetzt feiert er und schwelgt in Menschenfleisch,
Denn König liegt in offnem Zwist mit König.
Was steht ihr da, ihr königlichen Nasen?
Schreit »Angriff!«, Könige; zurück ins Schlachtfeld,
Machthaber ihr, gleich werte Feuerköpfe!
Dann laßt des einen Sturz des andern Stolz sein;
Bis dahin Haun und Stechen, Blut und Tod!
KÖNIG JOHN Auf wessen Seite stellen sich die Städter?
KÖNIG PHILIPP Sagt, ihr Bürger, wer ist Englands König?
Bürger Der König Englands, wenn wir wissen, welcher.
KÖNIG PHILIPP Wißt ihn in Uns, der Wir sein Recht behaupten.
KÖNIG JOHN In Uns, der Wir Uns selbst hier groß vertreten,
Und in Person vor euch erschienen sind,
Regent von England, von Angiers, und euch.
BÜRGER Eine Macht, die stärker ist als wir,
Läßt alles dies nicht zu; und bis zur Klärung
Versperren wir den altbekannten Zweifel
Hinter unsre festverrammten Tore:
Könige der Angst, bis unsre Angst
Der eine König löst, vergibt und endet.
BASTARD Beim Himmel, diese Gauner von Angiers
Machen euch zu Narren, Könige,
Und stehn in Sicherheit auf ihren Zinnen,
Wie im Theater, gaffen, zeigen auf euch
Mit den Fingern und auf eure Arbeit,
Und eure Sterbeszenen. Laßt von mir

Do like the Mutines of Ierusalem,
Be friends a-while, and both conioyntly bend
Your sharpest Deeds of malice on this Towne.
By East and West let France and England mount
Their battering Canon charged to the mouthes,
Till their soule-fearing clamours haue braul'd downe
The flintie ribbes of this contemptuous Citie,
I'de play incessantly vpon these Iades,
Euen till vnfenced desolation
Leaue them as naked as the vulgar ayre:
That done, disseuer your vnited strengths,
And part your mingled colours once againe,
Turne face to face, and bloody point to point:
Then in a moment Fortune shall cull forth
Out of one side her happy Minion,
To whom in fauour she shall giue the day,
And kisse him with a glorious victory:
How like you this wilde counsell mighty States,
Smackes it not something of the policie.

Iohn. Now by the sky that hangs aboue our heads,
I like it well. France, shall we knit our powres,
And lay this Angiers euen with the ground,
Then after fight who shall be king of it?

Bast. And if thou hast the mettle of a king,
Being wrong'd as we are by this peeuish Towne:
Turne thou the mouth of thy Artillerie,
As we will ours, against these sawcie walles,
And when that we haue dash'd them to the ground,
Why then defie each other, and pell-mell,
Make worke vpon our selues, for heauen or hell.

Fra. Let it be so: say, where will you assault?

Euch raten, königliche Spieler:
Machts wie die Meutrer zu Jerusalem,
Befreundet euch ein Weilchen, und, vereint,
Kehrt euren scharfen Haß auf diese Stadt.
In Ost und West fährt Frankreich und fährt England
Die großen Rohre auf mit vollen Mäulern,
Bis ihr erschütternd Brülln die Felsenrippen
Der hochnäsigen Stadt zerbröselt hat:
Nehmt diese Frösche unter Dauerfeuer,
So lange, bis die zaunlose Verwüstung
So nackt sie sein läßt, wie die bloße Luft.
Ist das erledigt, teilt das eine Heer,
Und trennt noch einmal die vermischten Farben;
Kehrt Stirn an Stirn, und blutig Schwert an Schwert;
Im Nu ruft dann Fortuna ihren Günstling
Sich auf der einen Seite auf, schenkt ihm
Den Tag, und küßt ihn mit glorreichem Sieg.
Gefällt der tolle Vorschlag, hohe Herrn?
Schmeckt er nicht nach was wie Politik?
KÖNIG JOHN Nun, bei dem Himmel, der uns überm Kopf
Ich bin dafür. Wolln wir zusammenlegen,   [hängt,
Frankreich, und wenn dann Angiers dem Boden
Gleichsieht, kämpfen, wer sein König ist?
BASTARD Und seid ihr aus dem Erz, aus dem ein König
Sein muß, laßt, genasführt ihr wie wir
Von dieser widerlichen Stadt, die Münder
Eurer Artillrie, gleich unsren, drehn,
Und zwar auf diese unverschämten Mauern;
Und wenn wir sie in Grund gedonnert haben,
Na dann, verachtet euch, und mit Getümmel
Schickt euch zur Hölle oder in den Himmel.
KÖNIG PHILIPP So soll es sein. Sag, von wo greifst du an?

Iohn. We from the West will send destruction
    Into this Cities bosome.
Aust. I from the North.
Fran. Our Thunder from the South,
    Shall raine their drift of bullets on this Towne.

Bast. O prudent discipline! From North to South:
    Austria and France shoot in each others mouth.
    Ile stirre them to it: Come, away, away.
Hub. Heare vs great kings, vouchsafe awhile to stay
    And I shall shew you peace, and faire-fac'd league:
    Win you this Citie without stroke, or wound,
    Rescue those breathing liues to dye in beds,
    That heere come sacrifices for the field.
    Perseuer not, but heare me mighty kings.
Iohn. Speake on with fauour, we are bent to heare.
Hub. That daughter there of Spaine, the Lady *Blanch*
    Is neere to England, looke vpon the yeeres
    Of *Lewes* the Dolphin, and that louely maid.
    If lustie loue should go in quest of beautie,
    Where should he finde it fairer, then in *Blanch*:
    If zealous loue should go in search of vertue,
    Where should he finde it purer then in *Blanch?*
    If loue ambitious, sought a match of birth,
    Whose veines bound richer blood then Lady *Blanch?*
    Such as she is, in beautie, vertue, birth,
    Is the yong Dolphin euery way compleat,
    If not compleat of, say he is not shee,
    And she againe wants nothing, to name want,
    If want it be not, that she is not hee:
    He is the halfe part of a blessed man,
    Left to be finished by such as shee,

KÖNIG JOHN Von Westen schicken wir Ruin, dem Kaff
　　Grad in die Brust.
ÖSTERREICH　　　　　Und ich von Norden.
KÖNIG PHILIPP　　　　　　　　　　　Gut,
　　Dann wird von Süden unser Donner seinen
　　Kugelhagel regnen auf die Stadt.
BASTARD *beiseite* O Feldherrnkunst! Nord-Süd! Jetzt nur nicht
　　Östreich schießt und Frankreich sich ins Maul,　　[faul:
　　Dafür will ich sorgen. – Kommt, los, los!
BÜRGER Verweilt noch, Könige: seid ihr auch groß,
　　Hört uns! Den Weg zu Fried und schöner Eintracht
　　Will ich euch weisen; ohne Schlag und Wunde
　　Gewinnt die Stadt ihr, rettet blühend Leben
　　Dem Tod im Bett, das sonst des Schlachtfelds Opfer:
　　Seid starr nicht, sondern hört mich, große Kön'ge!
KÖNIG JOHN So sprecht, mit Gunst; wir sind gewillt, zu hören.
BÜRGER Die Nichte da, aus Spanien, Lady Blanche,
　　Steht England nah: betrachtet euch das Alter
　　Des Dauphins Lewis und der holden Maid:
　　Wenn heiße Liebe hin zur Schönheit drängt,
　　Wo findet sie sie reizend, wie in Blanche?
　　Wenn fromme Liebe nach der Tugend strebt,
　　Wo findet sie sie reiner, als in Blanche?
　　Wenn Liebe würdig Wert auf gleichen Stand legt,
　　Wo fließt das Blut noch blauer, als in Blanche?
　　So wie sie ist, nach Schönheit, Tugend, Stand,
　　Ist der Dauphin in jedem Sinn vollkommen:
　　Wo nicht vollkommen, sagt, er ist nicht sie;
　　Sie wiederum ist ohne Tadel, außer
　　Man wollte tadeln, daß sie er nicht ist:
　　Er ist der halbe Mensch, der glückliche,
　　Den ein Geschöpf wie sie vollenden soll;

And she a faire diuided excellence,
Whose fulnesse of perfection lyes in him.
O two such siluer currents when they ioyne
Do glorifie the bankes that bound them in:
And two such shores, to two such streames made one,
Two such controlling bounds shall you be, kings,
To these two Princes, if you marrie them:
This Vnion shall do more then batterie can
To our fast closed gates: for at this match,
With swifter spleene then powder can enforce
The mouth of passage shall we fling wide ope,
And giue you entrance: but without this match,
The sea enraged is not halfe so deafe,
Lyons more confident, Mountaines and rockes
More free from motion, no not death himselfe
In mortall furie halfe so peremptorie,
As we to keepe this Citie.

Bast. Heeres a stay,
That shakes the rotten carkasse of old death
Out of his ragges. Here's a large mouth indeede,
That spits forth death, and mountaines, rockes, and seas,
Talkes as familiarly of roaring Lyons,
As maids of thirteene do of puppi-dogges.
What Cannoneere begot this lustie blood,
He speakes plaine Cannon fire, and smoake, and bounce,
He giues the bastinado with his tongue:
Our eares are cudgel'd, not a word of his
But buffets better then a fist of France:
Zounds, I was neuer so bethumpt with words,
Since I first cal'd my brothers father Dad.

Und sie ist die Vortrefflichkeit geteilt,
Für die in ihm Ergänzung völlig schlummert;
O, zwei so Silberströme, fließend ineinander,
Verherrlichen die Ufer, die sie rahmen;
Und zwei so Küsten so vereinter Flüsse,
Zwei solche Rahmen, Könige, seid ihr,
Den Königskindern, gebt ihr sie zusammen.
Der Ehbund wirkt an unsern festverschlossnen
Toren mehr als jegliches Geschütz;
Denn bei dem Spiel eröffnen weit den Hals
Des Durchgangs wir, auf eine schnellre Weise,
Als Pulver ihn erzwingen kann, für euren
Einzug. ohne dieses Spiel jedoch
Ist aufgewühltes Meer nicht halb so taub,
Sind Löwen zahmer, Felsen und Gebirge
Mehr in Bewegung, nein, der Tod selbst nicht
In seinem wilden Grimm halb so entschlossen,
Als wir es sind, die Stadt zu halten.

BASTARD   Achtung!
  Jäh steht der Klepper, und den alten Tod
  Hebts aus seinen Lumpen von der Kruppe!
  Der hat vielleicht ein Maulwerk! Tod und Felsen,
  Gebirge, Meere spuckt es aus, von Löwen
  Spricht es, brüllenden, so traulich,
  Wie eine Maid mit dreizehn von dem Hündchen!
  Als hätt ein Kanonier den Kerl gezeugt,
  So kanoniert und feuert, raucht und kracht er;
  Er gibt die Bastonade mit der Zunge;
  Verhaut die Ohren uns, und jedes Wort
  Schlägt härter zu als eine Faust aus Frankreich!
  Nie hat ein Mund mich so verdroschen, seit ich
  Papa zum Vater meines Bruders sagte.

Old Qu. Son, list to this coniunction, make this match
    Giue with our Neece a dowrie large enough,
    For by this knot, thou shalt so surely tye
    Thy now vnsurd assurance to the Crowne,
    That yon greene boy shall haue no Sunne to ripe
    The bloome that promiseth a mightie fruite.
    I see a yeelding in the lookes of France:
    Marke how they whisper, vrge them while their soules
    Are capeable of this ambition,
    Least zeale now melted by the windie breath
    Of soft petitions, pittie and remorse,
    Coole and congeale againe to what it was.
Hub. Why answer not the double Maiesties,
    This friendly treatie of our threatned Towne.
Fra. Speake England sirst, that hath bin forward first
    To speake vnto this Cittie: what say you?
Iohn. If that the Dolphin there thy Princely sonne,
    Can in this booke of beautie read, I loue:
    Her Dowrie shall weigh equall with a Queene:
    For *Angiers*, and faire *Toraine Maine*, *Poyctiers*,
    And all that we vpon this side the Sea,
    (Except this Cittie now by vs besiedg'd)
    Finde liable to our Crowne and Dignitie,
    Shall gild her bridall bed and make her rich
    In titles, honors, and promotions,
    As she in beautie, education, blood,
    Holdes hand with any Princesse of the world.

Fra. What sai'st thou boy? looke in the Ladies face.
Dol. I do my Lord, and in her eie I find
    A wonder, or a wondrous miracle,
    The shadow of my selfe form'd in her eye,

KÖNIGIN ELEANOR Sohn, nimm den Zufall wahr, spiel dieses
    Gib unsrer Nichte eine große Mitgift: [Spiel;
    Durch diesen Knoten knüpfst so sicher du
    Dein wackliges Besitzrecht an die Krone,
    Daß nicht ein Sonnenstrahl dem grünen Jungen
    Die Blüte reift, die reiche Frucht versprach.
    Ich sehe Gier in Frankreichs Blicken, schau,
    Sie tuscheln: pack sie, solang ihre Seelen
    Nach diesem Köder schnappen, noch bevor
    Berechnung, jetzt vom Windhauch sanften
    Antrags mitleidsvoll zerschmolzen, abkühlt,
    Und zu dem gefriert, was sie gewesen.
BÜRGER Warum schweigt die Doppelmajestät
    Zum Kompromiß der kriegsbedrängten Stadt?
KÖNIG PHILIPP Zuerst soll England sprechen, der als erster
    Zur Stadt zu sprechen wünschte: was sagt ihr?
KÖNIG JOHN Wenn der Dauphin, dein königlicher Sohn,
    In diesem Buch der Schönheit liest, und liest
    »Ich liebe«, dann wird ihre Mitgift
    Die einer Königin aufwiegen, denn
    Anjou, das liebliche Touraine, Maine,
    Poictiers, samt allem, was auf dieser Seite
    Des Meeres – ausgenommen hier die Stadt,
    Vor der wir liegen – unsrer Krone eignet,
    Vergolden ihr das Brautbett und bereichern
    Um Titel sie, um Ehren und Avancen,
    Wie sie an Reizen und an Herkunft sich
    Mit jeglicher Prinzessin messen darf.
KÖNIG PHILIPP Was sagst du, Junge? Sieh die Lady an.
LEWIS Das tue ich, Mylord; und find ein Wunder
    In ihrem Auge, oder ists ein Zauber,
    Das Schattenbild von mir in ihrem Auge

Which being but the shadow of your sonne,
Becomes a sonne and makes your sonne a shadow:
I do protest I neuer lou'd my selfe
Till now, infixed I beheld my selfe,
Drawne in the flattering table of her eie.

Whispers with Blanch.

Bast. Drawne in the flattering table of her eie,
  Hang'd in the frowning wrinkle of her brow,
  And quarter'd in her heart, hee doth espie
  Himselfe loues traytor, this is pittie now;
  That hang'd, and drawne, and quarter'd there should be
  In such a loue, so vile a Lout as he.

Blan. My vnckles will in this respect is mine,
  If he see ought in you that makes him like,
  That any thing he see's which moues his liking,
  I can with ease translate it to my will:
  Or if you will, to speake more properly,
  I will enforce it easlie to my loue.
  Further I will not flatter you, my Lord,
  That all I see in you is worthie loue,
  Then this, that nothing do I see in you,
  Though churlish thoughts themselues should bee your
    Iudge,
  That I can finde, should merit any hate.

Iohn. What saie these yong-ones? What say you my
  Neece?

Blan. That she is bound in honor still to do
  What you in wisedome still vouchsafe to say.

Iohn. Speake then Prince Dolphin, can you loue this
  Ladie?

Dol. Nay aske me if I can refraine from loue,
  For I doe loue her most vnfainedly.

Abgeformt, das, nur ein Schattenbild
Von eurem Sohn, zur Sonne wird und euern
Sohn zum Schattenbild umschafft: ich sag euch,
Was ich bin, das hab ich nicht gewußt,
Bis sie mein Bild in ihrem Auge nachzog.

Flüstert mit Blanche.

BASTARD Zum Richtplatz in dem Augenbild gezogen!
Am Runzeln ihrer Brauen aufgehängt!
Gevierteilt ihr im Herzen! Denn betrogen
Hat er die Liebe: schade, immer drängt,
Geschleift, gehängt, gevierteilt so ein Stenz
Sich in ein Herz und macht sich einen Lenz!

BLANCHE Des Onkels Wille ist, wie folgt, der meine:
Sieht er in Euch ein Etwas, das ihm zusagt,
Kann ich dies Etwas, das ihm zugesagt,
Sehr leicht in meinen Willen übernehmen;
Oder besser, wenn Ihr wollt, ich will ihm
Bei meiner Liebe leicht Gehorsam schaffen.
Mehr will ich Euch nicht schmeicheln, edler Prinz,
Ich seh in Euch nur Liebenswürdigkeiten;
Nur dies noch: daß ich garnichts in Euch sehe,
Und hätte Richter Kleinlich selbst den Vorsitz,
Von dem ich dächte, es verdiente Haß.

KÖNIG JOHN Was spricht die Jugend? Nichte, was sagst du?

BLANCHE Sie sagt, daß sie die Pflicht fühlt, das zu tun,
Was ihr in Weisheit Euch vergebt, zu sagen.

KÖNIG JOHN Dann sagt, Dauphin: könnt ihr die Lady lieben?

LEWIS Nein, fragt, ob ich der Liebe widerstehn kann;
Denn lieben tu ich sie, und heuchle nicht.

Iohn. Then I doe giue *Volquessen, Toraine, Maine,*
  Poyctiers and *Aniow,* these fiue Prouinces
  With her to thee, and this addition more,
  Full thirty thousand Markes of English coyne:
  Phillip of France, if thou be pleas'd withall,
  Command thy sonne and daughter to ioyne hands.
Fra. It likes vs well young Princes: close your hands

Aust. And your lippes too, for I am well assur'd,
  That I did so when I was first assur'd.
Fra. Now Cittizens of Angires ope your gates,
  Let in that amitie which you haue made,
  For at Saint Maries Chappell presently,
  The rights of marriage shallbe solemniz'd.
  Is not the Ladie *Constance* in this troope?
  I know she is not for this match made vp,
  Her presence would haue interrupted much.
  Where is she and her sonne, tell me, who knowes?

Dol. She is sad and passionate at your highnes Tent.
Fra. And by my faith, this league that we haue made
  Will giue her sadnesse very little cure:
  Brother of England, how may we content
  This widdow Lady? In her right we came,
  Which we God knowes, haue turnd another way,
  To our owne vantage.
Iohn. We will heale vp all,
  For wee'l create yong *Arthur* Duke of Britaine
  And Earle of Richmond, and this rich faire Towne
  We make him Lord of. Call the Lady *Constance,*
  Some speedy Messenger bid her repaire
  To our solemnity: I trust we shall,

KÖNIG JOHN Dann gebe ich mit ihr Volquessen, Touraine,
  Maine, Poictiers, Anjou, die fünf Provinzen,
  An dich; und obendrein noch dreißigtausend
  Englische Silbermünzen. Frankreichs Philip,
  Wenn du dies billigst, gib jetzt deinen Sohn
  Und deine Schwiegertochter Hand in Hand.
KÖNIG PHILIPP Wir sind zufrieden; reicht euch jetzt die
  Hände.
ÖSTERREICH Und auch die Lippen; denn auch seinerzeit ich
  Tat das, als man verlobte seinerzeit mich.
KÖNIG PHILIPP Jetzt auf die Tore, Bürger von Angiers,
  Laßt ein die Freundschaft, die ihr habt gestiftet;
  Denn zu Sankt Marien ungesäumt
  Wolln wir die Heirat feierlich vollziehn.
  Ist Lady Constance nicht mehr bei der Truppe?
  Ich weiß, sie ists nicht, insofern der Handel,
  Wäre sie zugegen, manche Störung
  Gewiß erfahren hätte. Wo nur mögen
  Sie und ihr Sohn sein? Wers weiß, solls sagen.
LEWIS In Eurem Zelt sind sie, und sehr verzweifelt.
KÖNIG PHILIPP Und dieses Bündnis, das wir hier geschlossen,
  Wird die Verzweiflung, wie mir scheint, nur schlecht
  Kurieren. Bruder England, wie befrieden
  Die Lady Witwe wir? Ihr Recht war unsres,
  Dem wir, das walte Gott, zu unserm Vorteil
  Den andern Weg gezeigt.
KÖNIG JOHN   Wir heilen das.
  Klein-Arthur machen wir zu Englands Herzog
  Und Graf von Richmond; und dies reiche Städtchen
  Ist seins. Ruft Uns die Lady her, im Laufschritt
  Soll man sie zu unsrer Feier laden.
  Wir werden, denke ich, auch wenn wir ihrem

(If not fill vp the measure of her will)
Yet in some measure satisfie her so,
That we shall stop her exclamation,
Go we as well as hast will suffer vs,
To this vnlook'd for vnprepared pompe.   *Exeunt.*
Bast. Mad world, mad kings, mad composition:
   Iohn to stop *Arthurs* Title in the whole,
   Hath willingly departed with a part,
   And France, whose armour Conscience buckled on,
   Whom zeale and charitie brought to the field,
   As Gods owne souldier, rounded in the eare,
   With that same purpose-changer, that slye diuel,
   That Broker, that still breakes the pate of faith,
   That dayly breake-vow, he that winnes of all,
   Of kings, of beggers, old men, yong men, maids,
   Who hauing no externall thing to loose,
   But the word Maid, cheats the poore Maide of that.
   That smooth-fac'd Gentleman, tickling commoditie,
   Commoditie, the byas of the world,
   The world, who of it selfe is peysed well,
   Made to run euen, vpon euen ground;
   Till this aduantage, this vile drawing byas,
   This sway of motion, this commoditie,
   Makes it take head from all indifferency,
   From all direction, purpose, course, intent.
   And this same byas, this Commoditie,
   This Bawd, this Broker, this all-changing-word,
   Clap'd on the outward eye of fickle France,
   Hath drawne him from his owne determin'd ayd,
   From a resolu'd and honourable warre,

Willen nicht so ganz genügen konnten,
Sie immerhin doch so zufriedenstellen,
Daß ihr Gezeter aufhört. Nun so rasch,
Wie es sich ziemt, zum unverhofften Fest.

Alle, außer dem Bastard, ab.

BASTARD Verrückte Welt! Verrückte Könige!
Verrückte Politik! Um Arthurs Anspruch,
Der aufs Ganze geht, zu stoppen, willigt
John darein, ein Teil ihm abzuteilen.
Und Frankreich, dem Gewissen in den Harnisch,
Und Ehre auf das Schlachtfeld half als Streiter
Gottes, dem raunt in das Ohr derselbe
Zweckverdreher, der gerissne Teufel,
Der Makler, der die Treue selbst vermakelt,
Der Eidesbrecher, er, der alle kriegt,
Ob Könige, ob Bettler, Alte, Junge –
Jungfraun, die rein äußerlich gesehen,
Nichts zu verlieren haben als den Titel
Jungfrau, er betrügt das arme Ding drum,
Der glatte Herr, der Junker Eigennutz;
Die Welt läuft schief durch diesen Eigennutz,
Die Welt, die an sich ausgewogen ist,
Gemacht zu ebnem Gang auf ebner Bahn,
Bis dieser Vorteil, diese üble Unwucht,
Der Schwindelanfall, dieser Eigennutz,
Das Gleichgewicht ihr raubt, um Richtung sie,
Um Sinn und Zweck, um Ziel und Ordnung bringt:
Und diese Unwucht, dieser Eigennutz,
Der Kuppler, Makler, dies Verbiegewort,
Dem frohen Frankreich an die Stirn gepappt,
Zieht es vom selbstgefaßten Vorsatz ab,
Von einem richtigen, beherzten Krieg,

To a most base and vile-concluded peace.
And why rayle I on this Commoditie?
But for because he hath not wooed me yet:
Not that I haue the power to clutch my hand,
When his faire Angels would salute my palme,
But for my hand, as vnattempted yet,
Like a poore begger, raileth on the rich.
Well, whiles I am a begger, I will raile,
And say there is no sin but to be rich:
And being rich, my vertue then shall be,
To say there is no vice, but beggerie:
Since Kings breake faith vpon commoditie,
Gaine be my Lord, for I will worship thee.   *Exit.*

Actus Secundus

Enter Constance, Arthur, and Salisbury.

Con. Gone to be married? Gone to sweare a peace?
   False blood to false blood ioyn'd. Gone to be freinds?
   Shall *Lewis* haue *Blaunch*, and *Blaunch* those Prouinces?
   It is not so, thou hast mispoke, misheard,
   Be well aduis'd, tell ore thy tale againe.
   It cannot be, thou do'st but say 'tis so.
   I trust I may not trust thee, for thy word
   Is but the vaine breath of a common man:
   Beleeue me, I doe not beleeue thee man,
   I haue a Kings oath to the contrarie.
   Thou shalt be punish'd for thus frighting me,
   For I am sicke, and capeable of feares,
   Opprest with wrongs, and therefore full of feares,

Zu einem ziemlich faulen Schacherfrieden.
Warum beschimpfe ich den Eigennutz?
Weil er bisher noch nicht um mich gebuhlt hat:
Nicht weil ich stark genug bin, meine Hand
Zu schließen, wenn sein Engelchen sie kitzelt
Nein, weil die Hand, noch gänzlich unversucht,
Gleich einem Bettler auf den Reichtum schimpft.
Nun schön, ich bin ein Bettler und will schimpfen,
Und sagen, es ist sündhaft, reich zu sein;
Und bin ich reich, leg ich ein Tugendei,
Und spreche, nichts sei schlimm wie Bettelei.
Macht Eigennutz selbst Könige so frei,
Sei du mein Götze, Vorteil, steh mir bei!   *Ab.*

2. Szene

Constance. Arthur. Salisbury.

CONSTANCE Auf dem Weg zur Hochzeit? Auf dem Weg
    Zum Friedensschwur? Das falsche Blut vereint
    Dem falschen Blut! Zur Freundschaft auf dem Weg?
    Lewis hat Blanche, und Blanche hat die Provinzen?
    Es ist nicht; du vertust dich, du verstehst falsch;
    Bedenke dich und was du sagst noch einmal.
    Es kann nicht sein; du sagst nur, daß es sei.
    Ich glaube, dir darf ich nicht glauben, denn
    Dein Wort ist leerer Laut gemeinen Mannes;
    Das glaube mir, ich glaube dir nicht, Mann:
    Ich setze einen Königsschwur dagegen.
    Dich wird man strafen, weil du mich erschreckt hast,
    Denn ich bin krank und neige zu Befürchtung,
    Von Übeln heimgesucht und voll Befürchtung,

A widdow, husbandles, subiect to feares,
A woman naturally borne to feares;
And though thou now confesse thou didst but iest
With my vext spirits, I cannot take a Truce,
But they will quake and tremble all this day.
What dost thou meane by shaking of thy head?
Why dost thou looke so sadly on my sonne?
What meanes that hand vpon that breast of thine?
Why holdes thine eie that lamentable rhewme,
Like a proud riuer peering ore his bounds?
Be these sad signes confirmers of thy words?
Then speake againe, not all thy former tale,
But this one word, whether thy tale be true.

Sal. As true as I beleeue you thinke them false,
That giue you cause to proue my saying true.

Con. Oh if thou teach me to beleeue this sorrow,
Teach thou this sorrow, how to make me dye,
And let beleefe, and life encounter so,
As doth the furie of two desperate men,
Which in the very meeting fall, and dye.
Lewes marry *Blaunch*? O boy, then where art thou?
France friend with *England*, what becomes of me?
Fellow be gone: I cannot brooke thy sight,
This newes hath made thee a most vgly man.

Sal. What other harme haue I good Lady done,
But spoke the harme, that is by others done?

Con. Which harme within it selfe so heynous is,
As it makes harmefull all that speake of it.

Ar. I do beseech you Madam be content.

Con. If thou that bidst me be content, wert grim
Vgly, and slandrous to thy Mothers wombe,
Full of vnpleasing blots, and sightlesse staines,

Bin Witwe, mannlos, Opfer von Befürchtung,
Bin eine Frau, geboren für Befürchtung;
Und wenn du gleich gestehst, du scherztest nur,
Kommt mein verstörter Sinn mir nicht zur Ruhe,
Nein, bebt und zittert mir den ganzen Tag.
Was meinst du mit dem Schütteln deines Kopfes?
Warum siehst du so traurig meinen Sohn an?
Was soll die Hand auf deiner Brust bedeuten?
Warum tritt dir das Wasser in die Augen,
Gleich einem Fluß, der übers Ufer tritt?
Bekräftigst du dein Wort mit diesen Zeichen?
Dann sprich noch einmal; nicht das schon Gesagte,
Nur dieses Wort: ob das Gesagte wahr ist.

SALISBURY So wahr, wie, glaub ich, Ihr für falsch die anseht,
Die Euch beweisen, daß ich wahr gesprochen.

CONSTANCE O, lehrst du mich, dies Schlimme dir zu glauben,
Dann lehre dieses Schlimme, mich zu töten,
Und laß den Glauben auf das Leben treffen,
Als wie die Wut zwei aufgebrachte Männer,
Die augenblicklich aneinander sterben.
Lewis nimmt Blanche! Mein Kind, wo bleibst dann du?
Frankreich Englands Freund! Was wird aus mir?
Nimm deinen Anblick weg, ich leid ihn nicht.
Die Botschaft hat zum Scheusal dich gemacht.

SALISBURY Was, Lady, habe ich verbrochen, als
Was andere verbrachen, zu berichten?

CONSTANCE Welch Verbrechen in sich so gemein ist,
Daß zum Verbrecher wird, wer es berichtet.

ARTHUR Ich bitte, Madam, Euch, Euch zu beruhigen. [strum

CONSTANCE Wärst du, der mich beruhigt sehn will, ein Mon-
Und eine Schande für den Schoß, aus dem du kamst,
Bedeckt mit Grind und ekelhaftem Aussatz,

Lame, foolish, crooked, swart, prodigious,
Patch'd with foule Moles, and eye-offending markes,
I would not care, I then would be content,
For then I should not loue thee: no, nor thou
Become thy great birth, nor deserue a Crowne.

But thou art faire, and at thy birth (deere boy)
Nature and Fortune ioyn'd to make thee great.
Of Natures guifts, thou mayst with Lillies boast,

And with the halfe-blowne Rose. But Fortune, oh,
She is corrupted, chang'd, and wonne from thee,
Sh'adulterates hourely with thine Vnckle *Iohn*,
And with her golden hand hath pluckt on France
To tread downe faire respect of Soueraigntie,
And made his Maiestie the bawd to theirs.

France is a Bawd to Fortune, and king *Iohn*,
That strumpet Fortune, that vsurping *Iohn*:
Tell me thou fellow, is not France forsworne?
Envenom him with words, or get thee gone,
And leaue those woes alone, which I alone
Am bound to vnder-beare.
Sal. Pardon me Madam,
    I may not goe without you to the kings.
Con. Thou maist, thou shalt, I will not go with thee,
    I will instruct my sorrowes to bee proud,
    For greefe is proud, and makes his owner stoope,
    To me and to the state of my great greefe,
    Let kings assemble: for my greefe's so great,
    That no supporter but the huge firme earth

Lahm, irr, krumm, schwartig, ungeheuerlich,
Gemustert mit Geschwüren und Karbunkeln,
Es wär mir gleich, ich würde mich beruhigen,
Denn keine Liebe fühlte ich für dich,
Noch wärst du Inbild deiner hohen Abkunft
Noch würde eine Krone dich erwarten.
Doch du bist schön, geliebter Sohn, als du
Geboren wardst, vereinten sich Fortuna
Und die Natur, dich zu erhöhn, und die Natur
Begabte dich, mit Lilien dich zu messen,
Und mit der kaum erblühten Rose. Doch
Fortuna, o, sie ist bestochen, ist
Verwandelt und dir untreu; sie umbuhlt
Jetzt deinen Onkel John, und ihre Hand,
Die übergoldete, riß Frankreich hin,
Die Ehrfurcht vor dem legitimen Anspruch
In Staub zu treten und die Majestät
Zur Kupplerin des hohen Paars zu machen.
Fortuna läßt von Frankreich sich verkuppeln
An König John, die Hure und der Throndieb!
Sprich, Männlein, brach nicht Frankreich seinen Eid?
Vergifte ihn mit Worten, oder geh,
Und laß dies Leid allein, das mir allein
Zu tragen auferlegt.

SALISBURY   Verzeiht mir, Madam,
Ich darf nicht ohne Euch den Kön'gen nahn.

CONSTANCE Du darfst, du wirst; ich gehe nicht mit dir:
Ich lehre meinen Jammer, Herr zu sein,
Gram ist ein Herr, er macht, daß wir uns krümmen.
Um mich und um den Thronsitz meines Grams
Laßt Könige sich sammeln; denn mein Gram
Ist so groß, daß, bis auf die feste Erde,

Can hold it vp: here I and sorrowes sit,
Heere is my Throne, bid kings come bow to it.

Actus Tertius, Scæna prima.

*Enter King Iohn, France, Dolphin, Blanch, Elianor, Philip,
Austria, Constance.*

Fran. 'Tis true (faire daughter) and this blessed day,
    Euer in *France* shall be kept festiuall:
    To solemnize this day the glorious sunne
    Stayes in his course, and playes the Alchymist,
    Turning with splendor of his precious eye
    The meager cloddy earth to glittering gold:
    The yearely course that brings this day about,
    Shall neuer see it, but a holy day.
Const. A wicked day, and not a holy day.
    What hath this day deseru'd? what hath it done,
    That it in golden letters should be set
    Among the high tides in the Kalender?
    Nay, rather turne this day out of the weeke,
    This day of shame, oppression, periury.
    Or if it must stand still, let wiues with childe
    Pray that their burthens may not fall this day,
    Lest that their hopes prodigiously be crost:
    But (on this day) let Sea-men feare no wracke,
    No bargaines breake that are not this day made;
    This day all things begun, come to ill end,
    Yea, faith it selfe to hollow falshood change.
Fra. By heauen Lady, you shall haue no cause
    To curse the faire proceedings of this day:

Nichts ihn trägt: hier thronen ich und er;
Nun bitte Könige zum Kniefall her.

Sie sitzt auf dem Boden. Salisbury ab.

Dritter Akt 1. Szene

König John. König Philipp. Lewis. Blanche. Königin Eleanor.
Bastard. Constance. Österreich. Salisbury. Lords.

KÖNIG PHILIPP Es ist so, Tochter; dieser Segenstag,
    Er wird in Frankreich stets gefeiert werden;
    Den Tag zu ehren, steht die hohe Sonne
    Am Himmel still und spielt den Alchemisten:
    Die Strahlen ihres teuren Auges wandeln
    Die kahle Erde um zu blankem Gold;
    Der Jahreslauf, der diesen Tag herauführt,
    Wird immer einen Festtag in ihm sehn.
CONSTANCE Ein Tag des Unheils, nicht ein Festtag! Was
    Macht diesen Tag berühmt? Was tat er denn,
    Daß er in goldnen Lettern im Kalender
    Bei großen Feiertagen stehen soll?
    Nein, streicht ihn besser aus der Woche weg,
    Den Tag der Scham, des Mißbrauchs und des Meineids.
    Und muß er dastehn, laßt die Schwangeren,
    Soll ihre Hoffnung nicht durchkreuzt sein, beten,
    Daß sie an dem Tag nicht entbinden. Nur
    An diesem Tag befürchte Schiffbruch, Seemann;
    Kein Handel an dem Tag, der nicht Betrug sei;
    Was den Tag anfing, komme schlimm zum Ende,
    Ja, Treue selbst verkehre sich in Tücke!
KÖNIG PHILIPP Beim Himmel, Lady, völlig grundlos flucht Ihr
    Dem glücklichen Geschehen dieses Tages:

Haue I not pawn'd to you my Maiesty?

Const. You haue beguil'd me with a counterfeit
Resembling Maiesty, which being touch'd and tride,
Proues valuelesse: you are forsworne, forsworne,
You came in Armes to spill mine enemies bloud,
But now in Armes, you strengthen it with yours.
The grapling vigor, and rough frowne of Warre
Is cold in amitie, and painted peace,
And our oppression hath made vp this league:
Arme, arme, you heauens, against these periur'd Kings,
A widdow cries, be husband to me (heauens)
Let not the howres of this vngodly day
Weare out the daies in Peace; but ere Sun-set,
Set armed discord 'twixt these periur'd Kings,
Heare me, Oh, heare me.

Aust. Lady *Constance*, peace.

Const. War, war, no peace, peace is to me a warre:
O *Lymoges*, O *Austria*, thou dost shame
That bloudy spoyle: thou slaue thou wretch, y^u coward,
Thou little valiant, great in villanie,
Thou euer strong vpon the stronger side;
Thou Fortunes Champion, that do'st neuer fight
But when her humourous Ladiship is by
To teach thee safety: thou art periur'd too,
And sooth'st vp greatnesse. What a foole art thou,
A ramping foole, to brag, and stamp, and sweare,
Vpon my partie: thou cold blooded slaue,
Hast thou not spoke like thunder on my side?
Beene sworne my Souldier, bidding me depend

Habt Ihr zum Pfand nicht meine Majestät?
CONSTANCE Ihr habt mit einer Fälschung mich getäuscht,
    Die, gleichend Eurer Majestät, als wertlos
    Sich erweist, wird sie geprüft: eidbrüchig,
    Eidbrüchig seid Ihr! Kommt, in Eisen, her,
    Das Blut von meinen Feinden zu vergießen,
    Und stärkt es nun, in Eile, mit dem Euren.
    Das Ringen und das Drohgesicht des Kriegs
    Erstarrt zu Freundschaft und bemaltem Frieden,
    Und Zweck der Liga ist, uns klein zu halten.
    Waffnet, waffnet euch, ihr Himmel, gegen
    Diese eidvergeßnen Könige! Den Schrei
    Der Witwe hört, seid mir Gemahl, ihr Himmel!
    Laßt diesem götterfernen Tag die Stunden
    In Frieden nicht verrinnen, sät der Waffen
    Zwietracht unter diese eidvergeßnen
    Könige! Erhört mich, o, erhört mich!
ÖSTERREICH Frieden, Lady!
CONSTANCE   Krieg! Krieg! Kein Frieden!
    Frieden ist mir Krieg. O Östreich! Du
    Entehrst die blutige Trophäe, du
    Knecht, du Schuft, du Feigling, du
    Verwegner Zwerg, verräterischer Riese!
    Stark mit den Starken, Lieblingsheld Fortunas,
    Der niemals kämpft, wenn ihm zur Seite nicht
    Die launische Madame ihn lehrt, Gefahr
    Zu meiden. Eidvergessen auch, ein Kriecher
    Vor der Größe. Welch ein Narr bist du,
    Welch reißender, daß du in meiner Sache
    Prahlst und aufstampfst und gelobst? Hanswurst,
    Lauwarmer, sprachst du nicht mir zu wie Donner,
    Schworst meinen Ritter dich, vertrauen sollte

Vpon thy starres, thy fortune, and thy strength,
And dost thou now fall ouer to my foes?
Thou weare a Lyons hide, doff it for shame,
And hang a Calues skin on those recreant limbes.

Aus. O that a man should speake those words to me.
Phil. And hang a Calues-skin on those recreant limbs
Aus. Thou dar'st not say so villaine for thy life.
Phil. And hang a Calues-skin on those recreant limbs.
Iohn. We like not this, thou dost forget thy selfe.
                    Enter Pandulph.
Fra. Heere comes the holy Legat of the Pope.
Pan. Haile you annointed deputies of heauen;
        To thee King *Iohn* my holy errand is:
        I *Pandulph*, of faire *Millane* Cardinall,
        And from Pope *Innocent* the Legate heere,
        Doe in his name religiously demand
        Why thou against the Church, our holy Mother,
        So wilfully dost spurne; and force perforce
        Keepe *Stephen Langton* chosen Arshbishop
        Of *Canterbury* from that holy Sea:
        This in our foresaid holy Fathers name
        Pope *Innocent*, I doe demand of thee.

Iohn. What earthie name to Interrogatories
        Can tast the free breath of a sacred King?
        Thou canst not (Cardinall) deuise a name
        So slight, vnworthy, and ridiculous
        To charge me to an answere, as the Pope:
        Tell him this tale, and from the mouth of *England*,
        Adde thus much more, that no *Italian* Priest
        Shall tythe or toll in our dominions:

Ich deinen Sternen, deinem Glück und
Deiner Mannesstärke, und nun läufst du
Zu meinen Feinden über? Und du trägst
Die Löwenhaut? So schäm dich, wirf sie ab,
Und häng ein Kalbsfell um die Schultern, Memme.

ÖSTERREICH O, käm ein Mann und spräche diese Worte!

BASTARD Und häng ein Kalbsfell um die Schultern, Memme.

ÖSTERREICH Das wagst du nicht, du Lump, bei deinem Leben.

BASTARD Und häng ein Kalbsfell um die Schultern, Memme.

KÖNIG JOHN Wir finden nicht Gefallen; du vergißt dich.

Pandulph.

KÖNIG PHILIPP Hier kommt der päpstliche Gesandte.

PANDULPH   Heil,
Gesalbte Statthalter des Himmels! Dir,
König John, gilt meine Botschaft. Ich,
Pandulph, zu Mailand Kardinal und hier
Legat des Papstes Innozenz, verlange,
In seinem Namen von dir zu erfahren,
Warum der Kirche, unsrer heilgen Mutter,
Du mutwillig begegnest, und gewaltsam
Stephen Langton, den gewählten Bischof
Von Canterbury fernhältst von dem Stuhl:
Im Namen vorgenannten Heilgen Vaters,
Des Papstes Innozenz, verlang ich das.

KÖNIG JOHN Was vermag ein weltliches Verhör
Dem freien Atem des geweihten Königs?
Du kannst mir, Kardinal, in keinem Namen
Antwort abverlangen, der so albern,
So würdelos und lachhaft ist wie der
Des Papstes. Sag ihm das; und sag ihm weiter,
Aus Englands Mund, daß uns Italiens Pfaffe
In unserm Land nicht zehnten soll noch zinsen;

But as we, vnder heauen, are supreame head,
So vnder him that great supremacy
Where we doe reigne, we will alone vphold
Without th'assistance of a mortall hand:
So tell the Pope, all reuerence set apart
To him and his vsurp'd authoritie.
Fra. Brother of *England*, you blaspheme in this.
Iohn. Though you, and all the Kings of Christendom
Are led so grossely by this medling Priest,
Dreading the curse that money may buy out,
And by the merit of vilde gold, drosse, dust,
Purchase corrupted pardon of a man,
Who in that sale sels pardon from himselfe:
Though you, and al the rest so grossely led,
This iugling witchcraft with reuennue cherish,
Yet I alone, alone doe me oppose
Against the Pope, and count his friends my foes.

Pand. Then by the lawfull power that I haue,
Thou shalt stand curst, and excommunicate,
And blessed shall he be that doth reuolt
From his Allegeance to an heretique,
And meritorious shall that hand be call'd,
Canonized and worship'd as a Saint,
That takes away by any secret course
Thy hatefull life.
Con. O lawfull let it be
That I haue roome with *Rome* to curse a while,
Good Father Cardinall, cry thou Amen
To my keene curses; for without my wrong
There is no tongue hath power to curse him right.
Pan. There's Law and Warrant (Lady) for my curse.

Hingegen Wir, die Wir nächst Gott regieren,
Nächst Ihm regieren und allein, der Hand
Von Sterblichen so nicht bedürfend: sag das
Dem Papst, und laß die Ehrfurcht aus dem Spiel
Vor ihm und seiner angemaßten Macht.

KÖNIG PHILIPP Mein Bruder England, das ist Lästerung.
KÖNIG JOHN Wenngleich auch Ihr und alle Könige
  Der Christenheit von dem geschäftgen Pfaffen
  Euch gängeln laßt aus Furcht vor seinem Fluch,
  Den Geld doch kauft, und ihr durch Goldes Gnaden,
  Des schmutzigen, dem Kot, gefälschten Ablaß
  Von einem Mann ersteht, der bei dem Handel
  Das eigne Seelenheil verramscht, wenngleich
  Auch Ihr, so wie der Rest, gegangelt noch,
  Die schlaue Hexerei mit Pfründen lohnt,
  Will einzig ich den Papst nicht anerkennen,
  Und meinen Feind den, der ihm Freund ist, nennen.
PANDULPH Dann wirst, durch meine Macht, mit Rechtskraft du
  Von mir verflucht und in den Bann getan:
  Und Segen liegt auf dem, der einem Ketzer
  Nicht untertan sein will und aufbegehrt;
  Und groß Verdienst sei der Hand zugesprochen,
  Geheiligt werde sie, und hoch verehrt,
  Die dir, durch welch verschwiegnes Mittel immer,
  Das hassenswerte Leben nimmt.
CONSTANCE   O kraft
  Des Rechts gebt mir, mit Rom zu fluchen, Raum!
  Ehrwürdger Vater, rufe du das Amen
  Zu meinen wilden Flüchen; nur mein Unrecht
  Gibt einer Zunge Macht, ihm recht zu fluchen.
PANDULPH Mein Fluch hat Rechtskraft, Lady, ist gesetzlich.

Cons. And for mine too, when Law can do no right.
　Let it be lawfull, that Law barre no wrong:
　Law cannot giue my childe his kingdome heere;
　For he that holds his Kingdome, holds the Law:
　Therefore since Law it selfe is perfect wrong,
　How can the Law forbid my tongue to curse?
Pand. *Philip* of *France*, on perill of a curse,
　Let goe the hand of that Arch-heretique,
　And raise the power of *France* vpon his head,
　Vnlesse he doe submit himselfe to *Rome*.
Elea. Look'st thou pale *France*? do not let go thy hand.

Con. Looke to that Deuill, lest that *France* repent,
　And by disioyning hands hell lose a soule.
Aust. King *Philip*, listen to the Cardinall.
Bast. And hang a Calues-skin on his recreant limbs.
Aust. Well ruffian, I must pocket vp these wrongs,
　Because,
Bast. Your breeches best may carry them.
Iohn. *Philip*, what saist thou to the Cardinall?
Con. What should he say, but as the Cardinall?
Dolph. Bethinke you father, for the difference
　Is purchase of a heauy curse from *Rome*,
　Or the light losse of *England*, for a friend:
　Forgoe the easier.
Bla. Thats the curse of *Rome*.
Con. O *Lewis*, stand fast, the deuill tempts thee heere
　In likenesse of a new vntrimmed Bride.
Bla. The Lady *Constance* speakes not from her faith,
　But from her need.
Con. Oh, if thou grant my need,
　Which onely liues but by the death of faith,

CONSTANCE Wie meiner: schafft Gesetz nicht Recht, dann ists
Gesetzlich, daß Gesetz nicht Unrecht wegschafft!
Gesetz kann meinem Kind sein Reich nicht schaffen,
Denn wer das Reich hat, der hat das Gesetz;
Wenn also Recht dem Unrecht gleicht, wie kommt es,
Daß meine Zunge kein Recht hat, zu fluchen?
PANDULPH Philipp von Frankreich, bei Gefahr des Bannfluchs,
Entziehe dem Erzketzer deine Hand,
Und sammle Frankreichs Streitmacht auf sein Haupt,
Wenn er sich Rom freiwillig nicht ergibt.
KÖNIGIN ELEANOR Frankreich, erbleichst du? Laß Uns deine
Hand.
CONSTANCE Sei wachsam, Satan, Frankreich wird dir reuig,
Entzieht die Hand, und eine Seel der Hölle.
ÖSTERREICH Mein König, hört, was Euch der Kardinal sagt.
BASTARD Häng ihm ein Kalbsfell um die Schultern, Memme.
ÖSTERREICH Schön, Rüpel, ich steck das einstweilen weg,
Denn –
BASTARD   Deine Hosensäcke sind die größten.
KÖNIG JOHN Philip, was sagst du dem Kardinal?
CONSTANCE Was wohl, das ihm der Kardinal nicht sagt?
LEWIS Erwäge, Vater; denn, siehst du, entweder
Riskierst du einen schweren Fluch aus Rom,
Oder Englands leichtgewichte Freundschaft:
Zieh das Geringre vor.
BLANCHE   Das ist Roms Fluch.
CONSTANCE Lewis, steh fest! Denn dich versucht der Teufel
In der Gestalt des jungfräulichen Bräutchens.
BLANCHE Aus Lady Constance spricht nicht, was sie glaubt,
Nur, was ihr Not tut.
CONSTANCE   O, gönnst du mir Not,
Die doch nur durch den Tod des Glaubens lebt,

That need, must needs inferre this principle,
That faith would liue againe by death of need:
O then tread downe my need, and faith mounts vp,
Keepe my need vp, and faith is trodden downe.
Iohn. The king is moud, and answers not to this.
Con. O be remou'd from him, and answere well.
Aust. Doe so king *Philip*, hang no more in doubt.
Bast. Hang nothing but a Calues skin most sweet lout.
Fra. I am perplext, and know not what to say.
Pan. What canst thou say, but wil perplex thee more?
If thou stand excommunicate, and curst?
Fra. Good reuerend father, make my person yours,
And tell me how you would bestow your selfe?
This royall hand and mine are newly knit,
And the coniunction of our inward soules
Married in league, coupled, and link'd together
With all religous strength of sacred vowes,
The latest breath that gaue the sound of words
Was deepe-sworne faith, peace, amity, true loue
Betweene our kingdomes and our royall selues,
And euen before this truce, but new before,
No longer then we well could wash our hands,
To clap this royall bargaine vp of peace,
Heauen knowes they were besmear'd and ouer-staind
With slaughters pencill; where reuenge did paint
The fearefull difference of incensed kings:
And shall these hands so lately purg'd of bloud?
So newly ioyn'd in loue? so strong in both,
Vnyoke this seysure, and this kinde regreete?
Play fast and loose with faith? so iest with heauen,
Make such vnconstant children of our selues

Folgt diese Not notwendig dem Prinzip,
Daß Glaube auflebt bei dem Tod der Not;
Tritt auf die Not, und du stärkst meinen Glauben:
Erhalt die Not mir und zertritt den Glauben!

KÖNIG JOHN Der König ist bewegt und schweigt dazu.

CONSTANCE Bewegt Euch von ihm weg und sprecht vernünftig.

ÖSTERREICH Tus, König Philipp; häng nicht Zweifeln nach.

BASTARD Häng nur ein Kalbsfell, allerliebster Holzkopf.

KÖNIG PHILIPP Mir ist ganz wirr. Was soll, was darf ich sagen?

PANDULPH Was könnt Ihr sagen, das nicht wirrer machte,
Wenn Ihr in Acht getan seid und verflucht?

KÖNIG PHILIPP Versetzt, Hochwürden, Euch in meine Lage,
Und sprecht, wie ihr Euch fassen wolltet. Neu
Verknüpft ist diese hohe Hand der meinen,
Und die Verbindung unsrer Herzen ward
Vermählt in einem Bund, gepaart, verflochten
Mit aller frommen Stärke heilger Eide.
Der Atem gab soeben Worten Klang,
Wie Freundschaft, Frieden, Treue, Achtung zwischen
Unsren Königreichen und uns selbst.
Und älter nicht ist diese Waffenruhe,
Als wir Zeit brauchten, uns die Hand zu waschen,
Um sie uns bei dem Friedensschluß zu drücken,
Die, weiß der Himmel, kurz zuvor beschmiert
Und klebrig war vom Pinselstrich der Schlacht,
Als Rachsucht das erschreckliche Gemälde
Vom Streit erzürnter Könige gemalt:
Und diese Hände, kaum vom Blut gesäubert,
Geeint in Liebe, gleich stark in uns beiden,
Sie solln den Griff und schönen Druck jetzt lösen?
Mit Treu und Glauben Würfel spielen, Scherz
Mit dem Himmel treiben, uns wie Kinder

As now againe to snatch our palme from palme:
Vn-sweare faith sworne, and on the marriage bed
Of smiling peace to march a bloody hoast,
And make a ryot on the gentle brow
Of true sincerity? O holy Sir
My reuerend father, let it not be so;
Out of your grace, deuise, ordaine, impose
Some gentle order, and then we shall be blest
To doe your pleasure, and continue friends.

Pand. All forme is formelesse, Order orderlesse,
Saue what is opposite to *Englands* loue.
Therefore to Armes, be Champion of our Church,
Or let the Church our mother breathe her curse,
A mothers curse, on her reuolting sonne:
France, thou maist hold a serpent by the tongue,
A cased Lion by the mortall paw,
A fasting Tyger safer by the tooth,
Then keepe in peace that hand which thou dost hold.

Fra. I may dis-ioyne my hand, but not my faith.
Pand. So mak'st thou faith an enemy to faith,
And like a ciuill warre setst oath to oath,
Thy tongue against thy tongue. O let thy vow
First made to heauen, first be to heauen perform'd,
That is, to be the Champion of our Church,
What since thou sworst, is sworne against thy selfe,
And may not be performed by thy selfe,
For that which thou hast sworne to doe amisse,
Is not amisse when it is truely done:
And being not done, where doing tends to ill,

Unbeständig machen, daß wir wieder
Zur Faust sie ballen, ab die Schwüre schwören,
Und auf dem Hochzeitsbett des holden Friedens
Ein blutig Kriegsheer aufmarschicren lassen,
Und Aufruhr stiften auf der klaren Stirn
Der reinen Lauterkeit? O heilger Herr,
Hochwürden, Vater, laßt es so nicht sein!
In Eurer Güte ordnet, weist, befehlt
Uns mildere Verfahren an, und glücklich
Tun wir, was Euch gefällt und bleiben Freunde.
PANDULPH Ungütig Güte, ordnungslos die Ordnung,
   Die gegen England nicht gerichtet ist.
   Drum zu den Waffen! Streiter sei der Kirche,
   Oder laß die Kirche, unsre Mutter,
   Den Fluch aussprechen, einer Mutter Fluch,
   Für ihren abtrünnigen Sohn. Du, Frankreich,
   Hältst eher eine Natter an der Zunge,
   An seiner Klaue einen wundgeschossnen Löwen,
   Den Tiger, der vor Hunger brüllt, am Zahn,
   Als in Frieden die Hand, die du hältst.
KÖNIG PHILIPP Ich kann die Hand wegnehmen, nicht mein Wort.
PANDULPH Dann machst das Wort zum Feind des Wortes du,
   Und hetzt im Bürgerkrieg Schwur gegen Schwur,
   Die eigne Zunge auf die eigne Zunge.
   O, halte deinen Eid zuerst dem Himmel,
   Dem du zuerst ihn leistetest, das heißt,
   Sei Streiter unsrer Kirche. Was du später
   Geschworen hast, das schwurst du gegen dich,
   Und darf von dir nicht eingehalten werden,
   Denn wenn ein Übel du beschworst zu tun,
   Dann ists ein Übel, hältst du diesen Schwur,
   Und hältst du nicht, was, tätst dus, Sünde wäre,

The truth is then most done not doing it:
The better Act of purposes mistooke,
Is to mistake again, though indirect,
Yet indirection thereby growes direct,
And falshood, falshood cures, as fire cooles fire
Within the scorched veines of one new burn'd:
It is religion that doth make vowes kept,
But thou hast sworne against religion:
By what thou swear'st against the thing thou swear'st,
And mak'st an oath the suretie for thy truth,
Against an oath the truth, thou art vnsure
To sweare, sweares onely not to be forsworne,
Else what a mockerie should it be to sweare?

But thou dost sweare, onely to be forsworne,
And most forsworne, to keepe what thou dost sweare,
Therefore thy later vowes, against thy first,
Is in thy selfe rebellion to thy selfe:
And better conquest neuer canst thou make,
Then arme thy constant and thy nobler parts
Against these giddy loose suggestions:
Vpon which better part, our prayrs come in,
If thou vouchsafe them. But if not, then know
The perill of our curses light on thee
So heauy, as thou shalt not shake them off
But in despaire, dye vnder their blacke weight.

Aust. Rebellion, flat rebellion.
Bast. Wil't not be?
   Will not a Calues-skin stop that mouth of thine?
Daul. Father, to Armes.

Dann tust du gut daran, wenn dus nicht hältst:
Der Missetat begegnet man am besten
Mit neuer Missetat; nimmt man den Umweg,
So kommt man durch den Umweg auf den Weg,
Wie Falschheit Falschheit heilt, wie Feuer Feuer
In frisch verbrannten Adern kühlt. Es ist
Der Glaube, der den Eid verbindlich macht,
Doch du schwurst wider deinen Glauben,
Du schwurst bei etwas, wider das du schwurst,
Machst einen Eid zum Bürgen deiner Treue,
Einer Treue wider deinen Eid! Die Treue aber,
Für die du nicht mehr bürgen magst, du schwurst sie
Doch nicht, um meineidig zu werden, denn
Welch eine Posse wäre sonst ein Schwur?
Du aber schwörst, um meineidig zu werden,
Und meineidig zu halten, was du schwörst.
Darum bedeuten deine jüngsten Eide,
Nach deinen frühern, deinen Aufruhr gegen
Dich, und keinen größren Sieg erringst du,
Als den der edlen und beständgen Kräfte
Über diese losen Tändeleien:
Den bessern Kräften gilt unser Gebet,
So du sie anstrengst. Doch wo nicht, so wisse,
Liegt das Verhängnis unsres Fluchs auf dir,
So schwer, daß du es nimmer von dir wirfst,
Sondern unter seiner schwarzen Last
Dein Leben in Verzweiflung enden mußt.
ÖSTERREICH Aufruhr! Nichts als Aufruhr!
BASTARD   Immer noch?
Stopft denn kein Kalbsfell dir das Maul?
LEWIS   Mein Vater,
Zu den Waffen!

Blanch. Vpon thy wedding day?
　　Against the blood that thou hast married?
　　What, shall our feast be kept with slaughtered men?
　　Shall braying trumpets, and loud churlish drums
　　Clamors of hell, be measures to our pomp?
　　O husband heare me: aye, alacke, how new
　　Is husband in my mouth? euen for that name
　　Which till this time my tongue did nere pronounce;
　　Vpon my knee I beg, goe not to Armes
　　Against mine Vncle.

Const. O, vpon my knee made hard with kneeling,
　　I doe pray to thee, thou vertuous *Daulphin,*
　　Alter not the doome fore-thought by heauen.

Blan. Now shall I see thy loue, what motiue may
　　Be stronger with thee, then the name of wife?
Con. That which vpholdeth him, that thee vpholds,
　　His Honor, Oh thine Honor, *Lewis* thine Honor.
Dolph. I muse your Maiesty doth seeme so cold,
　　When such profound respects doe pull you on?
Pand. I will denounce a curse vpon his head.
Fra. Thou shalt not need. *England*, I will fall from thee.
Const. O faire returne of banish'd Maiestie.
Elea. O foule reuolt of French inconstancy.
Eng. *France*, y^u shalt rue this houre within this houre.
Bast. Old Time the clocke setter, y^t bald sexton Time:
　　Is it as he will? well then, *France* shall rue.
Bla. The Sun's orecast with bloud: faire day adieu,
　　Which is the side that I must goe withall?
　　I am with both, each Army hath a hand,
　　And in their rage, I hauing hold of both,

BLANCHE   An deinem Hochzeitstag?
Gegen das Blut, dem du dich vermählt?
Wie, feiern mit erschlagnen Männern wir?
Spielt die Trompete dröhnend, grob die Trommel
Mit Lärm der Hölle uns den Hochzeitsmarsch?
O hör mich, mein Gemahl! Ach weh, wie neu
Ist meinem Mund doch das »Gemahl«! Auch für
Dies Wort, das bis zu dieser Stunde niemals
Über meine Lippen kam, bitt ich dich
Auf meinen Knien, greif nicht zu den Waffen
Gegen meinen Onkel.
CONSTANCE   O, auf meinen
Knien, vom Knien schwielig, flehe ich
Dich an, du tapferer Dauphin, verschiebe
Das Hochgericht nicht, das der Himmel vorsieht.
BLANCHE Deine Liebe werde ich nun sehen:
Was kann dir mehr sein als das Wort »mein Weib«?
CONSTANCE Was ihn erhält, der dich erhält, die Ehre:
O, deine Ehre, Lewis, deine Ehre!
LEWIS Ich staune. Majestät erscheinen kalt,
Wo tiefe Gründe nach Entschlüssen rufen.
PANDULPH Ich belege ihn mit einem Fluch.
KÖNIG PHILIPP Das müßt ihr nicht. England, ich falle ab.
CONSTANCE O, Heimkehr der verbannten Majestät!
KÖNIGIN ELEANOR O, Rückkehr welscher Wankelmütigkeit!
KÖNIG JOHN Die Stunde, Frankreich, reut dich, eh sie um ist.
BASTARD Der Totengräber Zeit, der Uhraufzieher,
Liegts bei ihm? Kommt Zeit, kommt Reue, Frankreich.
BLANCHE Die Sonne ist mit Blut bedeckt: Adieu,
Du schöner Tag! Auf welcher Seite steh ich?
Auf beiden: jedes Heer nimmt eine Hand;
Und ihre Wut, da ich sie beide halte,

They whurle a-sunder, and dismember mee.
Husband, I cannot pray that thou maist winne:
Vncle, I needs must pray that thou maist lose:
Father, I may not wish the fortune thine:
Grandam, I will not wish thy wishes thriue:
Who-euer wins, on that side shall I lose:
Assured losse, before the match be plaid.

Dolph. Lady, with me, with me thy fortune lies.

Bla. There where my fortune liues, there my life dies.

Iohn. Cosen, goe draw our puisance together,
France, I am burn'd vp with inflaming wrath,
A rage, whose heat hath this condition;
That nothing can allay, nothing but blood,
The blood and deerest valued bloud of *France*.

Fra. Thy rage shall burne thee vp, & thou shalt turne
To ashes, ere our blood shall quench that fire:
Looke to thy selfe, thou art in ieopardie.

Iohn. No more then he that threats. To Arms le'ts hie.

Exeunt.

Scœna Secunda.

Allarums, Excursions: Enter Bastard with Austria's
head.

Bast. Now by my life, this day grows wondrous hot,
Some ayery Deuill houers in the skie,
And pour's downe mischiefe. *Austrias* head lye there,
Enter Iohn, Arthur, Hubert.
While *Philip* breathes.

Iohn. *Hubert*, keepe this boy: *Philip* make vp,
My Mother is assayled in our Tent,

Zerrt an mir und reißt mich in zwei Hälften.
Gemahl, ich kann nicht beten, daß du siegst;
Onkel, ich muß beten, daß du nicht siegst;
Vater, ich darf dir kein Kriegsglück wünschen;
Großmutter, ich will nicht, daß du Erfolg hast:
Wer auch gewinnt, mit ihm verliere ich;
Verlust ist sicher vor Beginn des Spiels.

Lewis Lady, her zu mir, dein Glück liegt hier.

Blanche Da, wo mein Glück liegt, stirbt das Leben mir.

König John Neffe, zieh die Streitmacht uns zusammen. *Bastard ab.*
Frankreich, mich verbrennt ein heißer Zorn;
Der Flamme dieser Wut ist eigentümlich,
Daß nichts sie löschen kann, nichts außer Blut,
Das Blut, und nur das teuerste Blut, Frankreichs.

König Philipp Verbrenne dich dein Zorn, und sei du Asche,
Noch ehe unser Blut das Feuer löscht:
Du hast dich in Gefahr gebracht. Gib acht!

König John Nicht mehr als er, der droht. Zur Schlacht! Zur
Schlacht! *Alle ab.*

3. Szene

Signale. Schlacht. Der Bastard, mit Österreichs Kopf.

Bastard Bei meinem Leben, dieser Tag hats in sich;
Ein luftger Dämon tummelt sich am Himmel,
Unheil vergießend. Östreichs Kopf, lieg hier,
Laß Richard sich verschnaufen.
König John, Arthur, Hubert.

König John Hubert, nimm den Jungen. Richard, vorwärts:
Meine Mutter wird in unserem Zelt

And tane I feare.

Bast. My Lord I rescued her,
　　Her Highnesse is in safety, feare you not:
　　But on my Liege, for very little paines
　　Will bring this labor to an happy end.　　　　　　*Exit.*

　　　　Alarums, excursions, Retreat. Enter Iohn Eleanor, Arthur
　　　　　　　　Bastard, Hubert, Lords.

Iohn. So shall it be: your Grace shall stay behinde
　　So strongly guarded: Cosen, looke not sad,
　　Thy Grandame loues thee, and thy Vnkle will
　　As deere be to thee, as thy father was.
Arth. O this will make my mother die with griefe.
Iohn. Cosen away for *England*, haste before,
　　And ere our comming see thou shake the bags
　　Of hoording Abbots, imprisoned angells
　　Set at libertie: the fat ribs of peace
　　Must by the hungry now be fed vpon:
　　Vse our Commission in his vtmost force.
Bast. Bell, Booke, & Candle, shall not driue me back,
　　When gold and siluer becks me to come on.
　　I leaue your highnesse: Grandame, I will pray
　　(If euer I remember to be holy)
　　For your faire safety: so I kisse your hand.
Ele. Farewell gentle Cosen.
Iohn. Coz, farewell.

Ele. Come hether little kinsman, harke, a worde.

Iohn. Come hether *Hubert*. O my gentle *Hubert*,
　　We owe thee much: within this wall of flesh

Belagert, und, befürchte ich, gefangen.
BASTARD Mylord, ich konnte sie befreien, befürchtet
Nichts, in Sicherheit ist ihre Hoheit;
Doch auf, mein König, mit sehr wenig Mühe
Endet diese Arbeit uns noch glücklich.

Trommeln. Alle gehen ab und treten sofort wieder auf.
Dazu Königin Eleanor. Arthur. Lords.

KÖNIG JOHN So sei es; Euer Gnaden bleibt zurück
Mit starker Mannschaft. Neffe, sei nicht traurig:
Großmutter liebt dich, und dein Onkel wird
Ganz wie ein zweiter Vater zu dir sein.
ARTHUR O meine Mutter wird vor Kummer sterben!
KÖNIG JOHN Neffe, auf nach England! Flieg voraus:
Und, bis wir kommen, spiel den Beutelschneider
Bei feisten Äbten; einkassierte Engel
Machst du frei: des Friedens fette Rippe,
Sie muß das Heute, wo es hungert, füttern;
Nutz meine Vollmacht bis zum Letzten aus.
BASTARD Das Buch nicht, noch die Kerze, noch das Glöckchen
Schrecken mich, wo Gold und Silber winkt.
Hoheit, ich scheide. Großmutter, ich bete –
Sofern mir wieder beifällt, wie man fromm tut –
Für eure Sicherheit; ich küsse eure Hand.
KÖNIGIN ELEANOR Leb wohl, geliebter Enkel.
KÖNIG JOHN   Leb wohl, Neffe.
                    Bastard ab.
KÖNIGIN ELEANOR Komm mit mir, Enkelsöhnchen, auf ein
Wort.   *Mit Arthur ab.*
KÖNIG JOHN Komm zu mir, Hubert. O, mein guter Hubert,
Wir stehn in deiner Schuld! Es lebt hier, hinter

There is a soule counts thee her Creditor,
And with aduantage meanes to pay thy loue:
And my good friend, thy voluntary oath
Liues in this bosome, deerely cherished.
Giue me thy hand, I had a thing to say,
But I will fit it with some better tune.
By heauen *Hubert*, I am almost asham'd
To say what good respect I haue of thee.

Hub. I am much bounden to your Maiesty.
Iohn. Good friend, thou hast no cause to say so yet,
But thou shalt haue: and creepe time nere so slow,
Yet it shall come, for me to doe thee good.
I had a thing to say, but let it goe:
The Sunne is in the heauen, and the proud day,
Attended with the pleasures of the world,
Is all too wanton, and too full of gawdes
To giue me audience: If the mid-night bell
Did with his yron tongue, and brazen mouth
Sound on into the drowzie race of night:
If this same were a Church-yard where we stand,
And thou possessed with a thousand wrongs:
Or if that surly spirit melancholy
Had bak'd thy bloud, and made it heauy, thicke,
Which else runnes tickling vp and downe the veines,
Making that idiot laughter keepe mens eyes,
And straine their cheekes to idle merriment,
A passion hatefull to my purposes:
Or if that thou couldst see me without eyes,
Heare me without thine eares, and make reply
Without a tongue, vsing conceit alone,

Diesem Wall aus Fleisch, dir eine Seele,
Die dich als ihren Gläubiger betrachtet,
Und dir mit Zins die Liebe zahlen möchte:
Und, lieber Freund, daß du dich mir ergeben,
Lebt in der Brust hier, nah an meinem Herzen.
Gib mir die Hand. Ich wollte etwas sagen,
Doch finde ich jetzt nicht die rechten Worte.
Beim Himmel, Hubert, fast beschämt es mich,
Dir von meiner Hochachtung zu sprechen.
HUBERT Ich bin Majestät auch sehr verbunden.
KÖNIG JOHN Lieber Freund, dazu hast du nicht Grund,
    Noch nicht; und wenn die Schnecke Zeit auch kriecht,
    So naht sich doch, daß ich dir wohltun kann.
    Ich wollte etwas sagen, aber seis drum:
    Die Sonne steht am Himmel, und der Tag,
    Aufwartend mit den Schönheiten der Welt,
    Prunkt zu sehr in dem vollen Glanz des Lichts,
    Um mir Audienz zu geben: erst wenn stündlich
    Das Bronzemaul der Glocke den verschlafnen
    Gang der Nacht mit Eisenzungen ausruft;
    Wenn das, worauf wir stehn, ein Kirchhof wäre,
    Und tausend Übel säßen dir im Nacken;
    Wenn Melancholie, der schwarze Engel,
    Dein Blut zerkochte und es klebrig schwer
    Dir machte, das sonst prickelnd auf und ab
    In unsern Adern eilt und Menschenaugen
    Dem Lachen, dem Idioten, preisgibt und
    Die Wangen in sinnlosem Spaß verzieht,
    Der durchaus nicht zu meinen Plänen paßt;
    Oder könntest du mich ohne Augen
    Sehen, hören ohne Ohr und Antwort
    Mir ohne Zunge geben, in Gedanken nur,

Without eyes, eares, and harmefull sound of words:
Then, in despight of brooded watchfull day,
I would into thy bosome poure my thoughts:
But (ah) I will not, yet I loue thee well,
And by my troth I thinke thou lou'st me well.

Hub. So well, that what you bid me vndertake,
Though that my death were adiunct to my Act,
By heauen I would doe it.

Iohn. Doe not I know thou wouldst?
Good *Hubert*, *Hubert*, *Hubert* throw thine eye
On yon young boy: Ile tell thee what my friend,
He is a very serpent in my way,
And wheresoere this foot of mine doth tread,
He lies before me: dost thou vnderstand me?
Thou art his keeper.

Hub. And Ile keepe him so,
That he shall not offend your Maiesty.

Iohn. Death.

Hub. My Lord.

Iohn. A Graue.

Hub. He shall not liue.

Iohn. Enough.
I could be merry now, *Hubert*, I loue thee.
Well, Ile not say what I intend for thee:
Remember: Madam, Fare you well,
Ile send those powers o're to your Maiesty.

Ele. My blessing goe with thee.

Iohn. For *England* Cosen, goe.
Hubert shall be your man, attend on you
With al true duetie: On toward *Callice*, hoa.

Exeunt.

Nicht Augen, Ohren, noch ein schädlich Wort:
Dann wollte ich, des lästig wachen Tags
Nicht achtend, in die Brust dir gießen, was
Ich denke. Aber ach, ich tus nicht. Doch
Ich mag dich, und ich glaube, du mich auch.
HUBERT So sehr, daß, was Ihr mich auch machen heißt
    Und zöge meine Tat den Tod nach sich,
    Beim Himmel, ich es täte.
KÖNIG JOHN   Wußt ichs nicht?
    Mein lieber Hubert, Hubert, Hubert, hab
    Ein Auge auf den Knaben; Freund, ich sag dir,
    Er ist wie eine Schlange mir im Weg;
    Und gleich, wohin ich meine Füße setze,
    Er liegt vor mir: weißt du, was ich meine?
    Du sorgst für ihn.
HUBERT   Und sorge so für ihn,
    Daß er Eure Majestät nicht kränkt.
KÖNIG JOHN   Tod.
HUBERT   Mylord?
KÖNIG JOHN   Ein Grab.
HUBERT   Er wird nicht leben.
Königin Eleanor. Arthur.
KÖNIG JOHN   Genug.
    Nun darf ich glücklich sein. Ich mag dich, Hubert.
    Laß mich von deinen Aussichten noch schweigen:
    Vergiß nur nicht. – Madam, gehabt Euch wohl:
    Ich sende Eurer Majestät Verstärkung.
KÖNIGIN ELEANOR   Mein Segen sei mit dir.
KÖNIG JOHN   Nach England, Neffe:
    Hubert ist dein Mann, und kümmert sich
    Um dich in Treue. Jetzt auf nach Calais!
Alle ab.

Scæna Tertia.

Enter France, Dolphin, Pandulpho, Attendants.

Fra. So by a roaring Tempest on the flood,
    A whole Armado of conuicted saile
    Is scattered and dis-ioyn'd from fellowship.
Pand. Courage and comfort, all shall yet goe well.
Fra. What can goe well, when we haue runne so ill?
    Are we not beaten? Is not *Angiers* lost?
    Arthur tane prisoner? diuers deere friends slaine?
    And bloudy *England* into *England* gone,
    Ore-bearing interruption spight of *France*?

Dol. What he hath won, that hath he fortified:
    So hot a speed, with such aduice dispos'd,
    Such temperate order in so fierce a cause,
    Doth want example: who hath read, or heard
    Of any kindred-action like to this?
Fra. Well could I beare that *England* had this praise,
    So we could finde some patterne of our shame:
               Enter Constance.
    Looke who comes heere? a graue vnto a soule,
    Holding th'eternall spirit against her will,
    In the vilde prison of afflicted breath:
    I prethee Lady goe away with me.
Con. Lo; now: now see the issue of your peace.
Fra. Patience good Lady, comfort gentle *Constance.*
Con. No, I defie all Counsell, all redresse,
    But that which ends all counsell, true Redresse:
    Death, death, O amiable, louely death,
    Thou odoriferous stench: sound rottennesse,

4. Szene

König Philipp. Lewis. Pandulph. Gefolge.

KÖNIG PHILIPP So ward uns, durch den Sturm, auf hoher See,
  Die ganze Flotte schuldbeladner Segel
  Zerstreut und voneinander abgeschnitten.
PANDULPH Seid unverzagt! Es geht noch alles gut.
KÖNIG PHILIPP Wie kann noch gutgehn, was so übel auslief?
  Sind wir nicht geschlagen? Ging Angiers
  Uns nicht verloren? Ist nicht Arthur ein
  Gefangner? Sind nicht teure Freunde tot?
  Und zog nicht England blutig heim nach England,
  Unhinderbar und gegen Frankreichs Willen?
LEWIS Was ihm anheimfiel, das hat er befestigt:
  Bei solcher Umsicht solche Schnelligkeit,
  Solch kühles Regiment bei solchem Grimm,
  Ist beispiellos. Wo hörte, oder las man
  Von irgendeiner Schlacht, die dieser gleicht?
KÖNIG PHILIPP Dies Lob für England könnte ich ertragen,
  Wenn unsre Schande nur ein Vorbild fände.
                    Constance.
  Seht, wer da kommt! Das Grab der eignen Seele,
  Das widerwillig einschließt, was unsterblich,
  Im irdnen Kerker des gepreßten Atems.
  Lady, kommt hinweg mit mir, ich bitt euch.   [trägt.
CONSTANCE Da! Seht – seht nun, was Euch der Frieden ein-
KÖNIG PHILIPP Lady, Geduld! Constance, verzagt jetzt nicht!
CONSTANCE Nein! – Ich achte weder Trost noch Zuspruch,
  Nur was den Trost beendet, wahren Zuspruch:
  Tod! Tod! O liebenswerter, süßer Tod!
  Wohlriechender Gestank! Heilsame Fäulnis!

Arise forth from the couch of lasting night,
Thou hate and terror to prosperitie,
And I will kisse thy detestable bones,
And put my eye-balls in thy vaultie browes,
And ring these fingers with thy houshold wormes,
And stop this gap of breath with fulsome dust,
And be a Carrion Monster like thy selfe;
Come, grin on me, and I will thinke thou smil'st,
And busse thee as thy wife: Miseries Loue,
O come to me.

Fra. O faire affliction, peace.

Con. No, no, I will not, hauing breath to cry:
O that my tongue were in the thunders mouth,
Then with a passion would I shake the world,
And rowze from sleepe that fell Anatomy
Which cannot heare a Ladies feeble voyce,
Which scornes a moderne Inuocation.

Pand. Lady, you vtter madnesse, and not sorrow.

Con. Thou art holy to belye me so,
I am not mad: this haire I teare is mine,
My name is *Constance*, I was *Geffreyes* wife,
Yong *Arthur* is my sonne, and he is lost:
I am not mad, I would to heauen I were,
For then 'tis like I should forget my selfe:
O, if I could, what griefe should I forget?
Preach some Philosophy to make me mad,
And thou shalt be Canoniz'd (Cardinall.)
For, being not mad, but sensible of greefe,
My reasonable part produces reason
How I may be deliuer'd of these woes,
And teaches mee to kill or hang my selfe:
If I were mad, I should forget my sonne,

Tritt her zu mir aus deiner ewgen Nacht,
Du bestgehaßter Schrecken allen Wohlstands,
Ich küsse dein abscheuliches Gebein,
Leg meine Augäpfel in deine Höhlen,
Beringe mir die Hand mit deinen Würmern,
Verstopf mit Dreck das Einfallstor der Luft,
Bin Aas wie du, gleich ungeheuerlich:
Komm, grinse, und ich nehm es für ein Lächeln,
Und kose als dein Weib dich. Trübsals Liebster,
O komm zu mir!
KÖNIG PHILIPP   Frieden, holder Kummer.
CONSTANCE Nein, nein, das nicht, wo ich noch schreien kann:
O meine Zunge in den Mund des Donners!
Dann würde ich die Welt mit Leid erschüttern,
Und aus dem Schlaf den Knochenmann erwecken,
Der einer Lady schwache Stimme überhört,
Der anders sich herbei nicht rufen läßt.
PANDULPH Das ist nicht Trauer, Lady, das ist Wahnsinn.
CONSTANCE Ihr seid nicht fromm, der Ihr mich so belügt!
Wahnsinnig bin ich nicht: mein Haar ist es,
Das ich mir raufe, Constance ist mein Name,
Ich war Geoffreys Gattin, Arthur ist
Mein Sohn, und ich verlor ihn! Wahnsinn
Ist das nicht: beim Himmel, wär es Wahnsinn!
Dann könnte ich vielleicht mich selbst vergessen,
Und welchen Kummer, könnte ichs, vergäß ich!
Bringst du mit einer Predigt mich zum Wahnsinn,
Sollst du geheiligt werden, Kardinal;
Denn, da ich nicht wahnsinnig bin, nur traurig,
Sagt mir Vernunft, daß es vernünftig sei,
Mich selbst von meinen Leiden zu erlösen,
Und rät mir, mich zu hängen Wäre ich

Or madly thinke a babe of clowts were he;
I am not mad: too well, too well I fcele
The different plague of each calamitie.

Fra. Binde vp those tresses: O what loue I note
In the faire multitude of those her haires;
Where but by chance a filuer drop hath falne,
Euen to that drop ten thousand wiery fiends
Doe glew themselues in sociable griefe,
Like true, inseparable, faithfull loues,
Sticking together in calamitie.
Con. To *England*, if you will.
Fra. Binde vp your haires.
Con. Yes that I will: and wherefore will I do it?
I tore them from their bonds, and cride aloud,
O, that these hands could so redeeme my sonne,
As they haue giuen these hayres their libertie:
But now I enuie at their libertie,
And will againe commit them to their bonds,
Because my poore childe is a prisoner.
And Father Cardinall, I haue heard you say
That we shall see and know our friends in heauen:
If that be true, I shall see my boy againe;
For since the birth of *Caine*, the first male-childe
To him that did but yesterday suspire,
There was not such a gracious creature borne:
But now will Canker-sorrow eat my bud,
And chase the natiue beauty from his cheeke,
And he will looke as hollow as a Ghost,
As dim and meager as an Agues fitte,

Wahnsinnig, würd ich meinen Sohn vergessen,
Oder, im Wahn, ein Püppchen für ihn halten.
Wahnsinnig bin ich nicht: zu sehr empfinde
Ich jedes Leids sehr unterschiedne Qualen.

KÖNIG PHILIPP Bindet diese Flechten auf. O welche
Innigkeit erkenne ich in ihres
Haares mannigfaltigem Gedränge!
Wohin ein Silbertropfen fiel, nach dort
Bemühn sich anteilnehmend tausend Freunde,
Die, wie getreue Liebende im Unglück,
Unzertrennlich zueinander halten.

CONSTANCE Nach England, so ihr wollt.

KÖNIG PHILIPP   Macht euch das Haar.

CONSTANCE Ja, das will ich; und weshalb will ich?
Ich riß es aus den Fesseln und schrie laut:
»O könnten diese Hände meinen Sohn
Doch so in Freiheit setzen, wie dies Haar!«
Doch nun bin ich auf seine Freiheit neidisch,
Und will zurück es in die Fesseln legen,
Weil mir mein armes Kind gefangen ist.
Und, Kardinal, ich hab Euch sagen hören,
Daß wir im Himmel Freunde wiedertreffen:
Ich werde, wenn das wahr ist, meinen Jungen
Wiedersehen, denn seit Kains Geburt,
Des allerersten Menschenkindes, kam,
Bis hin zu dem, das erst seit gestern atmet,
Nicht ein solch köstliches Geschöpf zur Welt.
Nun jedoch befällt des Jammers Wurmfraß
Meine Knospe, jagt von seiner Wange
Die Anmut, die ihm von Natur verliehn,
Und läßt ihn hohl aussehn wie ein Gespenst,
Wie ein von Fieberfrösten Abgezehrter,

And so hee'll dye: and rising so againe,
When I shall meet him in the Court of heauen
I shall not know him: therefore neuer, neuer
Must I behold my pretty *Arthur* more.

Pand. You hold too heynous a respect of greefe.

Const. He talkes to me, that neuer had a sonne.

Fra. You are as fond of greefe, as of your childe.

Con. Greefe fils the roome vp of my absent childe:
Lies in his bed, walkes vp and downe with me,
Puts on his pretty lookes, repeats his words,
Remembers me of all his gracious parts,
Stuffes out his vacant garments with his forme;
Then, haue I reason to be fond of griefe?
Fareyouwell: had you such a losse as I,
I could giue better comfort then you doe.
I will not keepe this forme vpon my head,
When there is such disorder in my witte:
O Lord, my boy, my *Arthur*, my faire sonne,
My life, my ioy, my food, my all the world:
My widow-comfort, and my sorrowes cure.   *Exit.*

Fra. I feare some out-rage, and Ile follow her.   *Exit.*

Dol. There's nothing in this world can make me ioy,
Life is as tedious as a twice-told tale,
Vexing the dull eare of a drowsie man;
And bitter shame hath spoyl'd the sweet words taste,
That it yeelds nought but shame and bitternesse.

Pand. Before the curing of a strong disease,
Euen in the instant of repaire and health,
The fit is strongest: Euils that take leaue
On their departure, most of all shew euill:

Und so stirbt er: und zur Auferstehung,
Wenn ich im Himmelssaal ihn wiedersehe,
Erkenne ich ihn nicht: niemals, niemals
Darf ich meinen Arthur mehr umarmen.
PANDULPH Ihr versündigt Euch in Eurem Kummer.
CONSTANCE Er sagt das, der selber keinen Sohn hat.
KÖNIG PHILIPP Ihr habt den Kummer lieb wie Euer Kind.
CONSTANCE Der Kummer nimmt den Platz des Kindes ein,
Liegt in seinem Bett, geht mit mir um,
Blickt aus seinen Augen, spricht wie er,
Erinnert an sein ganzes Wesen mich,
Stopft seine unbewohnten Röcke aus:
Hab ich nicht Grund, den Kummer liebzuhaben?
Lebt wohl: würd, was man mir nahm, euch genommen,
Ich tröstete euch besser als ihr mich.
Ich will die Ordnung nicht auf meinem Kopf,
Wenn in ihm Verwirrung herrscht. O Gott!
Mein Sohn, mein Arthur, mein geliebter Junge!
Mein Leben, meine Freude, du mein Alles!
Mein Witwentrost und Heilung meiner Schmerzen! *Ab.*
KÖNIG PHILIPP Ich fürchte Äußerstes und will ihr folgen. *Ab.*
LEWIS Nichts auf dieser Welt kann mich noch freuen:
Das Leben ist ein schlecht erzählter Witz,
Der einem Schlafenden ins taube Ohr
Gestammelt wird; und bittre Scham verdirbt mir
So den Geschmack daran, daß es mir nichts
Als Scham und Bitterkeit abwirft.
PANDULPH Bevor bei einem Kranken Heilung einsetzt,
Im Augenblick, da er gesund und munter
Werden soll, kommt erst der stärkste Anfall.
Fähret das Übel aus, erzeigt es sich
Bei seinem Abschied als besonders übel.

What hauc you lost by losing of this day?

Dol. All daies of glory, ioy, and happinesse.

Pan. If you had won it, certainely you had.
 No, no: when Fortune meanes to men most good,
 Shee lookes vpon them with a threatning eye:
 'Tis strange to thinke how much King *Iohn* hath lost
 In this which he accounts so cleareIy wonne:
 Are not you grieu'd that *Arthur* is his prisoner?

Dol. As heartily as he is glad he hath him.

Pan. Your minde is all as youthfull as your blood.
 Now heare me speake with a propheticke spirit:
 For euen the breath of what I meane to speake,
 Shall blow each dust, each straw, each little rub
 Out of the path which shall directly lead
 Thy foote to Englands Throne. And therefore marke:
 Iohn hath seiz'd *Arthur*, and it cannot be,
 That whiles warme life playes in that infants veines,
 The mis-plac'd-*Iohn* should entertaine an houre,
 One minute, nay one quiet breath of rest.
 A Scepter snatch'd with an vnruly hand,
 Must be as boysterously maintain'd as gain'd.
 And he that stands vpon a slipp'ry place,
 Makes nice of no vilde hold to stay him vp:
 That *Iohn* may stand, then *Arthur* needs must fall,
 So be it, for it cannot be but so.

Dol. But what shall I gaine by yong *Arthurs* fall?

Pan. You, in the right of Lady *Blanch* your wife,
 May then make all the claime that *Arthur* did.

Dol. And loose it, life and all, as *Arthur* did.

Pan. How green you are, and fresh in this old world?
 Iohn layes you plots: the times conspire with you,
 For he that steepes his safetie in true blood,

Was habt Ihr mit dem heutgen Tag verloren?
LEWIS Aller Tage Ruhm und Glück und Hoffnung.
PANDULPH Wenn Ihr gewonnen hättet, hättet Ihrs.
Nein, nein; der, mit dem es Fortuna gut meint,
Den blickt sie drohend an. 's ist seltsam,
Wenn man bedenkt, wieviel der König John
Mit dem verlor, das er gewonnen glaubt.
Daß Arthur sein Gefangner ist, betrübt Euch?
LEWIS So sehr, wie er sich freut, daß er ihn hat.
PANDULPH Aus dir spricht deine Jugend. Höre, was
Ich dir prophezeie, denn der Hauch nur
Dessen, was ich sagen werde, bläst
Ein jedes Stäubchen, jeden Halm, das kleinste
Hindernis dir von dem Weg, auf dem
Dein Fuß direkt an Englands Thron gelangt.
Drum höre. John hat Arthur, und unmöglich
Kann, solange in des Kindes Adern
Noch warmes Leben spielt, der Fälscher John
Auch nur minutenlang zur Ruhe kommen.
Ein Szepter, mit rechtloser Hand ergriffen,
Will gleichermaßen frech behauptet werden,
Und wer auf glattem Boden geht, dem ist
Kein Halt zu scheußlich, um sich dran zu klammern:
Damit John steht, muß Arthur nötig fallen;
So sei es denn, denn nur so kann es sein.
LEWIS Was aber habe ich von Arthurs Fall?
PANDULPH Im Namen Eurer Frau, der Lady Blanche,
Erhebt Ihr Anspruch, wie es Arthur tat.
LEWIS Und büße, wie es Arthur tat, mit allem.
PANDULPH Wie neu und grün Ihr in der alten Welt seid!
John gibt Euch vor; die Zeit arbeitet für Euch;
Denn wer sein Heil in Blut taucht, der wird nichts

Shall finde but bloodie safety, and vntrue.
This Act so euilly borne shall coole the hearts
Of all his people, and freeze vp their zeale,
That none so small aduantage shall step forth
To checke his reigne, but they will cherish it.
No naturall exhalation in the skie,
No scope of Nature, no distemper'd day,
No common winde, no customed euent,
But they will plucke away his naturall cause,
And call them Meteors, prodigies, and signes,
Abbortiues, presages, and tongues of heauen,
Plainly denouncing vengeance vpon *Iohn*.
Dol. May be he will not touch yong *Arthurs* life,
But hold himselfe safe in his prisonment.
Pan. O Sir, when he shall heare of your approach,
If that yong *Arthur* be not gone alreadie,
Euen at that newes he dies: and then the hearts
Of all his people shall reuolt from him,
And kisse the lippes of vnacquainted change,
And picke strong matter of reuolt, and wrath
Out of the bloody fingers ends of *Iohn*.
Me thinkes I see this hurley all on foot;
And O, what better matter breeds for you,
Then I haue nam'd. The Bastard *Falconbridge*
Is now in England ransacking the Church,
Offending Charity: If but a dozen French
Were there in Armes, they would be as a Call
To traine ten thousand English to their side;
Or, as a little snow, tumbled about,
Anon becomes a Mountaine. O noble Dolphine,
Go with me to the King, 'tis wonderfull,
What may be wrought out of their discontent,

Als blutig Unheil ernten. Dies Verbrechen
Kühlt ihm die Herzen ab, erstarrt den Eifer,
So daß, besteht nur die geringste Aussicht
Auf seinen Sturz, das Volk ihr nachgehn wird.
Und kein Himmelsschauspiel, kein Ereignis
In der Natur, kein Nebeltag, kein Windstoß,
Kein gewohnter Vorfall, dem sie nicht,
Was da natürlich ist, absprechen und
Von Meteoren reden, von Gesichten,
Von Vorzeichen, von Menetekeln, Wundern,
Von des Himmels Winken, die dem John
Den Tag der Rache weithin kunden solln.
LEWIS Vielleicht verschont er Arthurs junges Leben,
   Und verwahrt ihn sicher im Gefängnis.
PANDULPH O Sir, vernimmt er, daß Ihr naht, und Arthur
   Ist noch nicht hin, so ist ers auf die Nachricht;
   Worauf ihm alle Herzen seines Volks
   Abspenstig werden, küssen werden sie
   Die Lippen eines unverhofften Wechsels,
   Und gute Gründe für den Aufstand lassen
   Sich an Johns blutgen Fingerspitzen abzähln.
   Mich dünkt, ich sehe den Tumult im Gange:
   Und o, welch angenehmre Dinge harren
   Eurer noch, als diese. Faulconbridge,
   Der Bastard, raubt die Kirche aus in England,
   Verhöhnt Barmherzigkeit: wär nur ein Dutzend
   Franzosen dort in Waffen würden sie
   Zehntausend Englische auf ihre Seite
   Herüber ziehn, ein Schneeball, der, gewälzt,
   Zum Berg wird. O Dauphin, begleitet mich
   Zum König: es ist wunderbar, was sich
   Aus ihrem Unmut machen läßt, jetzt, da er

Now that their soules are topfull of offence,
For England go; I will whet on the King.
Dol. Strong reasons makes strange actions: let vs go,
If you say I, the King will not say no.   *Exeunt.*

Actus Quartus, Scæna prima.

Enter Hubert and Executioners.

Hub. Heate me these Irons hot, and looke thou stand
   Within the Arras: when I strike my foot
   Vpon the bosome of the ground, rush forth
   And binde the boy, which you shall finde with me
   Fast to the chaire: be heedfull: hence, and watch.
Exec. I hope your warrant will beare out the deed.

Hub. Vncleanly scruples feare not you: looke too't.

   Yong Lad come forth; I haue to say with you.
                    Enter Arthur.
Ar. Good morrow *Hubert.*
Hub. Good morrow, little Prince.
Ar. As little Prince, hauing so great a Title
   To be more Prince, as may be: you are sad.
Hub. Indeed I haue beene merrier.
Art. 'Mercie on me:
   Me thinkes no body should be sad but I:
   Yet I remember, when I was in France,
   Yong Gentlemen would be as sad as night
   Onely for wantonnesse: by my Christendome,
   So I were out of prison, and kept Sheepe
   I should be as merry as the day is long:

Auf seinem Gipfel ist. Nach England; davon
Werde ich den König überzeugen.
LEWIS Groß gedacht, groß gemacht. Hinein:
Sagt Ihr nur ja, sagt nicht der König Nein.   *Beide ab.*

Vierter Akt 1.Szene

Hubert. Drei Helfershelfer.

HUBERT Mach mir die Eisen heiß; und ihr steht hinter
Dem Vorhang. Wenn ich mit dem Fuß den Boden
Stampfe, kommt ihr flink hervor und bindet
Den Knaben, den ihr bei mir finden werdet,
Fest auf den Stuhl. Seid wachsam: und nun los.
ERSTER HELFERSHELFER Ich hoff, daß Eure Weisung die Tat
abdeckt.
HUBERT Lausiger Zweifel! Keine Angst; paßt auf.
                  Helfershelfer ab.
Kommt, junger Herr; ich hab Euch was zu sagen.
                  Arthur.
ARTHUR Guten Morgen, Hubert.
HUBERT   Morgen, kleiner Prinz.
ARTHUR So klein der Prinz, als wie sein Anspruch groß ist,
Mehr als ein Prinz zu sein. – Doch du bist traurig.
HUBERT Ganz recht, ich war schon munterer.
ARTHUR   Erbarmen!
Mir scheint, nur ich allein muß traurig sein:
Doch, ich erinnre mich, in Frankreich gab es
Junge Herrn, die, nur aus Lust und Laune,
So traurig waren, wie die Nacht. Beim Himmel,
Wär ich aus dem Kerker, und ein Schafhirt,
Ich wär so munter, als die Tage lang sind;

And so I would be heere, but that I doubt
My Vnckle practises more harme to me:
He is affraid of me, and I of him:
Is it my fault, that I was *Geffreyes* sonne?
No in deede is't not: and I would to heauen
I were your sonne, so you would loue me, Hubert:
Hub. If I talke to him, with his innocent prate
He will awake my mercie, which lies dead:
Therefore I will be sodaine, and dispatch.
Ar. Are you sicke Hubert? you looke pale today,
Insooth I would you were a little sicke,
That I might sit all night, and watch with you.
I warrant I loue you more then you do me.
Hub. His words do take possession of my bosome.
Reade heere yong *Arthur.* How now foolish rheume?
Turning dispitious torture out of doore?
I must be breefe, least resolution drop
Out at mine eyes, in tender womanish teares.
Can you not reade it? Is it not faire writ?

Ar. Too fairely *Hubert*, for so foule effect,
Must you with hot Irons, burne out both mine eyes?
Hub. Yong Boy, I must.
Art. And will you?
Hub. And I will.
Art. Haue you the heart? When your head did but
    ake,
I knit my hand-kercher about your browes
(The best I had, a Princesse wrought it me)
And I did neuer aske it you againe:
And with my hand, at midnight held your head;

Und wär es hier, wenn ich nicht Sorge hätte,
Daß mir mein Onkel mehr zuleid tun will.
Er fürchtet sich vor mir, wie ich vor ihm:
Ich bin Geoffreys Sohn; kann ich dafür?
Wahrhaftig nicht; und wollte auch, beim Himmel,
Ich wäre dein dir lieber Sohn, mein Hubert.
HUBERT *beiseite* Schwatze ich mit ihm, weckt seine Unschuld
Mein Mitleid auf, das schon gestorben war:
Drum will ich rasch sein, und ein Ende machen.
ARTHUR Hubert, bist du krank? Du siehst heut blaß aus.
Ach ja, sei doch ein kleines bißchen krank,
Dann kann ich diese Nacht durch bei dir wachen:
Ich hab dich sicher mehr lieb als du mich.
HUBERT *beiseite* Sein Geplapper greift mir an das Herz.
Lest, kleiner Arthur.
              Zeigt ein Papier, beiseite
                    Wie, ihr dummen Tropfen!
Schafft ihr die harte Folter vor die Tür?
Ich muß was tun, sonst läuft mir die Entschlußkraft
In zarten Weibertränen aus den Augen. –
Könnt Ihrs nicht lesen? Ist die Schrift zu schlecht?
ARTHUR Zu schön, mein Hubert, für so argen Plan:
Du sollst mit Eisen mir die Augen ausglühn?
HUBERT Ich solls, mein Junge.
ARTHUR   Willst du?
HUBERT   Und ich will.
ARTHUR Das kannst du tun? Wenn du das Kopfweh hattest,

Band ich mein Taschentuch dir um die Stirn,
Mein allerbestes, eine Königstochter
Stickte es für mich, und ließ es dir;
Und hielt zur Mitternacht dir deinen Kopf,

And like the watchfull minutes, to the houre,
Still and anon cheer'd vp the heauy time;
Saying, what lacke you? and where lies your greefe?
Or what good loue may I performe for you?
Many a poore mans sonne would haue lyen still,
And nere haue spoke a louing word to you:
But you, at your sicke seruice had a Prince:
Nay, you may thinke my loue was craftie loue,
And call it cunning. Do, and if you will,
If heauen be pleas'd that you must vse me ill,
Why then you must. Will you put out mine eyes?
These eyes, that neuer did, nor neuer shall
So much as frowne on you.
Hub. I haue sworne to do it:
And with hot Irons must I burne them out.
Ar. Ah, none but in this Iron Age, would do it:
The Iron of it selfe, though heate red hot,
Approaching neere these eyes, would drinke my teares,
And quench this fierie indignation,
Euen in the matter of mine innocence:
Nay, after that, consume away in rust,
But for containing fire to harme mine eye:
Are you more stubborne hard, then hammer'd Iron?
And if an Angell should haue come to me,
And told me *Hubert* should put out mine eyes,
I would not haue beleeu'd him: no tongue but *Huberts.*

Hub. Come forth: Do as I bid you do.

Art. O saue me *Hubert*, saue me: my eyes are out
Euen with the fierce lookes of these bloody men.

Und wie es die Minuten machen, bis
Die Stunde um ist, so vertrieb ich dir
Die schwere Zeit mit Fragen wie »Was fehlt dir?«
Und »Wo tuts dir weh? Was kann ich für dich tun?«
Der Sohn des Armen hätte dagelegen,
Und nicht ein liebes Wort zu dir gesagt;
Dein Krankenwärter aber war ein Prinz.
Du denkst wohl, diese Fürsorge war unecht,
Und nennst sie Hinterlist: tus, wenn du willst.
Wenn es dem Himmel wohlgefällt, daß du
Mich so mißhandeln sollst, dann tus. Willst du
Mir meine Augen nehmen? Diese Augen,
Die niemals kalt dich angesehn?

HUBERT   Ich schwor das;
    Und muß mit rotem Eisen sie verbrennen.

ARTHUR Ach, eisern ist die Zeit, die das geschehn läßt!
    Das Eisen selbst, obgleich rotglühend hitzig,
    Es tränke, nah den Augen, meine Tränen,
    Und würde in dem Stoff aus meiner Unschuld
    Die flammende Empörung löschen. Und
    Sich danach in Rost verzehren, weil
    Es Glut getragen, die mich blenden sollte.
    Bist du denn starrer als ein Schmiedeeisen?
    Und hätte auch ein Engel mir verkündet,
    Daß Hubert mir die Augen rauben will,
    Ich glaubte ihm nicht – glaubte keiner Zunge
    Als Huberts eigner.

HUBERT   Kommt!
        Er stampft auf, die Helfershelfer erscheinen.
                              Tut, wie ich sagte.

ARTHUR O Hubert, rette mich, mich blenden schon
    Die bösen Blicke dieser blutgen Männer.

Hub. Giue me the Iron I say, and binde him heere.
Art. Alas, what neede you be so boistrous rough?
    I will not struggle, I will stand stone still:
    For heauen sake *Hubert* let me not be bound:
    Nay heare me *Hubert*, driue these men away,
    And I will sit as quiet as a Lambe.
    I will not stirre, nor winch, nor speake a word,
    Nor looke vpon the Iron angerly:
    Thrust but these men away, and Ile forgiue you,
    What euer torment you do put me too.
Hub. Go stand within: let me alone with him.
Exec. I am best pleas'd to be from such a deede.

Art. Alas, I then haue chid away my friend,
    He hath a sterne looke, but a gentle heart:
    Let him come backe, that his compassion may
    Giue life to yours.
Hub. Come (Boy) prepare your selfe.
Art. Is there no remedie?
Hub. None, but to lose your eyes.
Art. O heauen: that there were but a moth in yours,
    A graine, a dust, a gnat, a wandering haire,
    Any annoyance in that precious sense:
    Then feeling what small things are boysterous there,
    Your vilde intent must needs seeme horrible.
Hub. Is this your promise? Go too, hold your toong.
Art. *Hubert*, the vtterance of a brace of tongues,
    Must needes want pleading for a paire of eyes:
    Let me not hold my tongue: let me not *Hubert*,
    Or *Hubert*, if you will cut out my tongue,
    So I may keepe mine eyes. O spare mine eyes,
    Though to no vse, but still to looke on you.

HUBERT Gebt mir die Eisen, sag ich, bindet ihn.
ARTHUR Weh mir, warum mußt du so schrecklich grob sein?
Ich wehre mich ja nicht, ich halte still.
Um Christi willen, Hubert, nicht mich binden!
Nein, bitte, Hubert, schick die Männer weg,
Und ruhig will ich sitzen wie ein Lamm;
Ich rühr mich nicht, ich zuck nicht, sag kein Wort,
Noch schau ich zornerfüllt dein Eisen an:
Jag sie nur weg, und ich vergebe dir,
Ganz gleich, auf welche Weise du mich marterst.
HUBERT Geht, wartet draußen; laßt uns jetzt allein.
EIN HELFERSHELFER Ich bleib viel lieber weit von sowas weg.

Helfershelfer ab.

ARTHUR Weh mir, ich habe meinen Freund vertrieben!
Sein Blick ist finster, doch sein Herz ist weich:
Ruf ihn zurück, sein Mitgefühl belebt
Vielleicht das deine.
HUBERT   Und nun kommt, mein Junge.
ARTHUR Hilft nichts?
HUBERT   Nichts, als die Augen zu verlieren.
ARTHUR O Himmel, käme Staub dir in die deinen,
Ein Korn, ein Splitter, ein Insekt, ein Härchen,
Als Ärgernis dem köstlichsten der Sinne!
Dann, spürend, wie ihn Kleines schon belästigt,
Muß deine Untat dir erschrecklich werden.
HUBERT Erhofft Ihr das? Kommt, hütet Eure Zunge.
ARTHUR Hubert, das Gestammel zweier Zungen
Kann nicht genug flehn für ein Augenpaar:
Nicht meine Zunge laß mich hüten, Hubert!
Schneid sie heraus, wenn ich dafür die Augen
Behalten darf, willst du das, Hubert? O
Verschone meine Augen, nur damit ich

Loe, by my troth, the Instrument is cold,
And would not harme me.

Hub. I can heate it, Boy.
Art. No, in good sooth: the fire is dead with griefe,
    Being create for comfort, to be vs'd
    In vndeserued extreames: See else your selfe,
    There is no malice in this burning cole,
    The breath of heauen, hath blowne his spirit out,
    And strew'd repentant ashes on his head.
Hub. But with my breath I can reuiue it Boy.
Art. And if you do, you will but make it blush,
    And glow with shame of your proceedings, *Hubert:*
    Nay, it perchance will sparkle in your eyes:
    And, like a dogge that is compell'd to fight,
    Snatch at his Master that doth tarre him on.
    All things that you should vse to do me wrong
    Deny their office: onely you do lacke
    That mercie, which fierce fire, and Iron extends,
    Creatures of note for mercy, lacking vses.
Hub. Well, see to liue: I will not touch thine eye,
    For all the Treasure that thine Vnckle owes,
    Yet am I sworne, and I did purpose, Boy,
    With this same very Iron, to burne them out.
Art. O now you looke like *Hubert.* All this while
    You were disguis'd.
Hub. Peace: no more. Adieu,
    Your Vnckle must not know but you are dead.
    Ile fill these dogged Spies with false reports:
    And, pretty childe, sleepe doubtlesse, and secure,
    That *Hubert* for the wealth of all the world,
    Will not offend thee.

Sie dazu brauchen kann, dich anzuschaun.
Da, bei meiner Seele, kalt ist dir
Dein Werkzeug, harmlos mir.
HUBERT   Ich mach es heiß.
ARTHUR Nein, ganz im Ernst; das Feuer starb vor Kummer,
   Den ihm, wohltätig wie es ist, Verwendung
   Zu unverdienter Quälerei bereitet hat.
   Sieh selbst: das Böse wich aus dieser Kohle,
   Des Himmels Atem hat es weggeblasen,
   Und reuig streut sie Asche auf ihr Haupt.
HUBERT Mein Atem kann es neu beleben, Junge.
ARTHUR Wenn du das tust, dann machst du sie erröten,
   Vor Scham erglühen über dein Betreiben:
   Nein, mag sein, sie funkelt dir ins Auge,
   Gleich einem Hund, den man zu kämpfen zwingt,
   Und der nach seinem Herrn schnappt, der ihn hetzt.
   Was du benutzen willst, mir weh zu tun,
   Verweigert dir den Dienst: nur dir ermangelt
   Des Feuers und des Eisens Mitgefühl,
   Der Dinge, die wir gern gefühllos nennen.
HUBERT Gut, leb und sieh. Ich laß dir deine Augen,
   Und gält es alle Schätze deines Onkels:
   Doch schwor ich, Junge, und war drauf und dran,
   Sie dir mit diesem Eisen auszubrennen.
ARTHUR Jetzt bist du wieder Hubert! All die Zeit
   Warst du maskiert.
HUBERT   Jetzt ruhig; still. Adieu.
   Dein Onkel muß gewiß sein, daß du tot bist.
   Ich werde diese Schnüffelhunde füttern
   Mit falscher Nachricht. Du, mein lieber Junge,
   Schlaf sorglos und in Sicherheit, daß Hubert,
   Und seis um allen Reichtum dieser Welt,

Art. O heauen! I thanke you *Hubert*.
Hub. Silence, no more; go closely in with mee,
    Much danger do I vndergo for thee.   *Exeunt*

Scena Secunda.

Enter Iohn, Pembroke, Salisbury, and other Lordes.

Iohn. Heere once againe we sit: once against crown'd
    And look'd vpon, I hope, with chearefull eyes.
Pem. This once again (but that your Highnes pleas'd)
    Was once superfluous: you were Crown'd before,
    And that high Royalty was nere pluck'd off:
    The faiths of men, nere stained with reuolt:
    Fresh expectation troubled not the Land
    With any long'd-for-change, or better State.

Sal. Therefore, to be possess'd with double pompe,
    To guard a Title, that was rich before;
    To gilde refined Gold, to paint the Lilly;
    To throw a perfume on the Violet,
    To smooth the yce, or adde another hew
    Vnto the Raine-bow; or with Taper-light
    To seeke the beauteous eye of heauen to garnish,
    Is wastefull, and ridiculous excesse.

Pem. But that your Royall pleasure must be done,
    This acte, is as an ancient tale new told,
    And, in the last repeating, troublesome,
    Being vrged at a time vnseasonable.
Sal. In this the Anticke, and well noted face

Dir nicht ein Haar krümmt.
ARTHUR   Himmel! Dank, mein Hubert.
HUBERT Still, nichts weiter. Komm leise mit mir jetzt:
Durch dich bin ich Gefahren ausgesetzt.   *Beide ab.*

2. Szene

König John. Pembroke. Salisbury. Lords.

KÖNIG JOHN Hier sitzen wir nochmals, nochmals gekrönt;
Das Auge, das es sieht, blickt, hoff ich, heiter.
PEMBROKE Dieses »nochmals«, wenn es Eurer Hoheit
Anders nicht beliebte, es war vormals
Überflüssig, denn Ihr wart gekrönt,
Und Eure Würde wurd Euch nicht entrissen,
Nicht Rebellion befleckt des Volkes Treue,
Das Land litt nicht an unruhiger Erwartung
Ersehnten Wechsels oder bessrer Zeiten.
SALISBURY Und deshalb ist, zweimal gesalbt zu sein,
Den Titel auszuschmücken, der schon reich war,
Gold zu vergolden, Lilien zu bemalen,
Parfüm auf Veilchenbeeten zu verspritzen,
Eis zu glätten, oder neue Farben
Dem Regenbogen anzufügen, oder
Des Himmels Strahlenauge mit der Kerze
Zu erhellen suchen, nutzlos und
Nichts als lächerliche Ausschweifung.
PEMBROKE Und wäre nicht die königliche Laune,
So gliche dieser Akt der oft erzählten
Geschichte, deren Wiederholung langweilt,
Und die erneut zu hören niemand freut.
SALISBURY Damit wird alten, überkommnen Brauchtums

Of plaine old forme, is much disfigured,
And like a shifted winde vnto a saile,
It makes the course of thoughts to fetch about,
Startles, and frights consideration:
Makes sound opinion sicke, and truth suspected,
For putting on so new a fashion'd robe.

Pem. When Workemen striue to do better then wel,
They do confound their skill in couetousnesse,
And oftentimes excusing of a fault,
Doth make the fault the worse by th'excuse:
As patches set vpon a little breach,
Discredite more in hiding of the fault,
Then did the fault before it was so patch'd.

Sal. To this effect, before you were new crown'd
We breath'd our Councell: but it pleas'd your Highnes
To ouer-beare it, and we are all well pleas'd,
Since all, and euery part of what we would
Doth make a stand, at what your Highnesse will.

Ioh. Some reasons of this double Corronation
I haue possest you with, and thinke them strong.
And more, more strong, then lesser is my feare
I shall indue you with: Meane time, but aske
What you would haue reform'd, that is not well,
And well shall you perceiue, how willingly
I will both heare, and grant you your requests.

Pem. Then I, as one that am the tongue of these
To sound the purposes of all their hearts,
Both for my selfe, and them: but chiefe of all
Your safety: for the which, my selfe and them
Bend their best studies, heartily request

Gewohntes, klares Antlitz stark verwischt;
Und wie der Wind, der dreht, das Segel wendet,
Verändert sich der Kurs des Denkens, rege
Wird der Zweifel und betroffnes Grübeln,
Gesunde Ansicht krank, Wahrheit verdächtig,
Wenn solche neuen Moden um sich greifen.

PEMBROKE Ein Handwerker, der mehr sein will als gut,
Verdirbt mit seinem Ehrgeiz seine Kunst;
Und oft macht das Beheben eines Fehlers
Den Fehler im Beheben nur noch größer:
Wie Flickwerk, auf den kleinen Riß gesetzt,
Den Fehler durch Verbergen mehr hervorhebt,
Als es der Fehler tat, vor man ihn flickte.

SALISBURY In diesem Sinne rieten wir, bevor Ihr
Neu euch krönen ließet: allerdings
Gefiel es Eurer Hoheit, unsern Rat
Zu übergehn, und so gefällt es uns,
Sintemalen was wir immer wollen,
Halt macht vor dem, was Eure Hoheit will.

KÖNIG JOHN Schon habe ich euch einige der Gründe
Für diese zweite Krönung mitgeteilt,
Und halte sie für gut; und noch viel bessre
Will ich, wenn nicht mehr Anlaß ist zur Furcht,
Euch anvertraun. Inzwischen tragt mir vor,
Was schlecht steht und behoben werden soll,
Und sehen werdet ihr, wie willig ich,
Worum ihr einkommt, höre und gewähre.

PEMBROKE Dann komme ich, als Zunge aller hier,
Die das verlautet, was ihr Herz bewegt,
Sowohl in meinem als in ihrem Namen,
Im Namen Eurer Sicherheit vor allem,
Für die wir, ich und sie, uns redlich muhn,

Th'infranchisement of *Arthur*, whose restraint
Doth moue the murmuring lips of discontent
To breake into this dangerous argument.
If what in rest you haue, in right you hold,
Why then your feares, which (as they say) attend
The steppes of wrong, should moue you to mew vp
Your tender kinsman, and to choake his dayes
With barbarous ignorance, and deny his youth
The rich aduantage of good exercise,
That the times enemies may not haue this
To grace occasions: let it be our suite,
That you haue bid vs aske his libertie,
Which for our goods, we do no further aske,
Then, whereupon our weale on you depending,
Counts it your weale: he haue his liberty.

Enter Hubert.
Iohn, Let it be so: I do commit his youth
To your direction: *Hubert,* what newes with you?

Pem. This is the man should do the bloody deed:
He shew'd his warrant to a friend of mine,
The image of a wicked heynous fault
Liues in his eye: that close aspect of his,
Do shew the mood of a much troubled brest,
And I do fearefully beleeue 'tis done,
What we so fear'd he had a charge to do.
Sal. The colour of the King doth come, and go
Betweene his purpose and his conscience,
Like Heralds 'twixt two dreadfull battailes set:
His passion is so ripe, it needs must breake.

Von ganzem Herzen ein um die Befreiung
Arthurs: dessen Eingeschlossensein
Die Lippen Unzufriedner murrend öffnet,
Bis Streit bedrohlich so ausbricht: wenn Ihr
Das, was Ihr friedvoll habt, mit Recht behaltet,
Warum soll Furcht, die, wie sie sagen, stets
Den Gang des Unrechts leitet, Euch bewegen,
Euren kleinen Neffen wegzuschließen,
Ihn alle Tage unbelehrt zu lassen,
Gleich einem Wilden, und dem jungen Adel
Den Vorzug der Erziehung zu verweigern?
Damit die, denen, wie es ist, nicht paßt,
Hier keinen Vorwand finden, laßt den Antrag,
Um den Ihr batet, seine Freiheit sein;
Worum wir nur insoweit eingekommen,
Als unser Wohl, dem Euren unterworfen,
Seine Freiheit Eurem Wohl zuzählt.

Hubert.

KÖNIG JOHN So sei es: ich vertraue diesen Jüngling
Eurer Obhut an. Was gibts denn, Hubert?

Nimmt ihn beseite.

PEMBROKE Das ist der Mann, ders blutig soll besorgen:
Einer meiner Freunde sah die Weisung.
Der Abdruck einer widerlichen Untat
Prägt sich in seinen Augen aus. Sein Anblick
Verrät den schweren innren Widerstreit;
Und ich befürchte stark, getan ist schon,
Wovon wir fürchteten, daß ers tun sollte.

SALISBURY Der König wechselt fortwährend die Farbe,
Die seines Plans mit der seines Gewissens,
Wie Herolde, die zwischen Schlachtreihn gehn:
So reif ist die Entzündung, daß sie platzt.

Pem. And when it breakes, I feare will issue thence
  The foule corruption of a sweet childes death.

Iohn. We cannot hold mortalities strong hand.
  Good Lords, although my will to giue, is liuing,
  The suite which you demand is gone, and dead.
  He tels vs *Arthur* is deceas'd to night.

Sal. Indeed we fear'd his sicknesse was past cure.

Pem. Indeed we heard how neere his death he was,
  Before the childe himselfe felt he was sicke:
  This must be answer'd either heere, or hence.

Ioh. Why do you bend such solemne browes on me?
  Thinke you I beare the Sheeres of destiny?
  Haue I commandement on the pulse of life?

Sal. It is apparant foule-play, and 'tis shame
  That Greatnesse should so grossely offer it;
  So thriue it in your game, and so farewell.

Pem. Stay yet (Lord Salisbury) Ile go with thee,
  And finde th'inheritance of this poore childe,
  His little kingdome of a forced graue.
  That blood which ow'd the bredth of all this Ile,
  Three foot of it doth hold; bad world the while:
  This must not be thus borne, this will breake out
  To all our sorrowes, and ere long I doubt.   *Exeunt*

Io. They burn in indignation: I repent: *Enter Mes.*
  There is no sure foundation set on blood:
  No certaine life atchieu'd by others death:
  A fearefull eye thou hast. Where is that blood,
  That I haue seene inhabite in those cheekes?
  So foule a skie, cleeres not without a storme,
  Poure downe thy weather: how goes all in France?

Mes. From France to England, neuer such a powre
  For any forraigne preparation,

PEMBROKE Und platzt sie, fürchte ich, quillt nichts heraus,
  Als giftger Schleim von eines Kindes Tod.
KÖNIG JOHN Nicht wehren können wir der Hand des Todes:
  Ihr Herrn, noch lebt mein Wunsch, euch zu willfahren,
  Da ist, was ihr verlangt, dahin und tot.
  Er sagt uns, Arthur sei die letzte Nacht verblichen.
SALISBURY Wir ahnten schon, die Krankheit war unheilbar.
PEMBROKE Wir hörten schon, wie nahe er dem Tod war,
  Bevor der Knabe selbst sich krank gefühlt:
  Das fordert Antwort, sei es hier, seis dort.
KÖNIG JOHN Was runzelt ihr mir so die Stirne her?
  Glaubt ihr, daß ich des Schicksals Schere halte?
  Kann ich den Puls des Lebens kommandieren?
SALISBURY 's ist falsches Spiel, soviel ist sicher. Schandbar,
  Daß Größe es so unverhohlen austeilt.
  Wünsch Kartenglück! Und so gehabt Euch wohl.
PEMBROKE Wartet, Salisbury, ich gehe mit Euch,
  Und suche, was dies Kind uns hinterläßt,
  Sein kleines Reich aus aufgezwungner Erde.
  Der für sein die Insel hielt, mit Recht,
  Hat nun drei Fuß davon: die Welt ist schlecht!
  Es hält nicht vor: das bricht gewißlich los,
  Nicht lange mehr, dann ist der Jammer groß. *Sie gehen ab.*
KÖNIG JOHN Sie flammen vor Entrüstung. Ich bereue:
  Blut gibt schlechten Mörtel, sichres Leben
  Erwirbst du dir durch fremden Tod niemals.   *Ein Bote.*
  Du siehst erschrocken aus: wo blieb das Blut,
  Das ich auf diesen Wangen wohnen sah?
  So trüber Himmel klart nicht ohne Sturm auf:
  Laß dein Wetter los: was kommt aus Frankreich?
BOTE Frankreich kommt nach England. Solch ein Heer
  Ward noch für keinen Auslandseinsatz auf-

Was leuied in the body of a land.
The Copie of your speede is learn'd by them:
For when you should be told they do prepare,
The tydings comes, that they are all arriu'd.
Ioh. Oh where hath our Intelligence bin drunke?
Where hath it slept? Where is my Mothers care?
That such an Army could be drawne in France,
And she not heare of it?

Mes. My Liege, her eare
Is stopt with dust: the first of Aprill di'de
Your noble mother; and as I heare, my Lord,
The Lady *Constance* in a frenzie di'de
Three dayes before: but this from Rumors tongue
I idely heard: if true, or false I know not.
Iohn. With-hold thy speed, dreadfull Occasion:
O make a league with me, 'till I haue pleas'd
My discontented Peeres. What? Mother dead?
How wildely then walkes my Estate in France?
Vnder whose conduct came those powres of France,
That thou for truth giu'st out are landed heere?
Mes. Vnder the Dolphin.
         Enter Bastard and Peter of Pomfret.
Ioh. Thou hast made me giddy
With these ill tydings: Now? What sayes the world
To your proceedings? Do not seeke to stuffe
My head with more ill newes: for it is full.

Bast. But if you be a-feard to heare the worst,
Then let the worst vn-heard, fall on your head.
Iohn. Beare with me Cosen, for I was amaz'd
Vnder the tide; but now I breath againe

Gestellt. Sie machen Euch den Eilkrieg nach;
Denn wo Ihr hören solltet, daß sie rüsten,
Erfahrt Ihr schon, daß sie gelandet sind.

KÖNIG JOHN O, wo hat unsre Aufklärung gesoffen,
Und wo sich ausgeschlafen? Meine Mutter,
Wo war ihre Wachsamkeit, daß Frankreich
Sammeln konnte solch eine Armee,
Und sie nichts hört?
BOTE   Ihr Ohr, mein König, ist
Mit Staub verstopft: am ersten Tag des Monats
April starb Eure edle Mutter, und es heißt,
Daß Lady Constance drei Tage zuvor
Im Wahnsinn starb; doch ist dies ein Gerücht,
Ob wahr, ob falsch, das weiß ich nicht zu sagen.
KÖNIG JOHN Nur nicht so eilig, grausames Geschick!
Paktieren wir, bis ich zur Ruhe meine
Unzufriednen Peers gebracht! Tot Mutter!
Kopfüber geht die Sache dann, in Frankreich!
Wer führt die Streitmacht, die, wie du behauptest,
Aus Frankreich kommend, hier gelandet ist?
BOTE Der Dauphin.
            Der Bastard und Peter of Pomfret. Hubert.
KÖNIG JOHN Du machst mir Schwindel, Kerl,
Mit deinen schlechten Neuigkeiten. – Nun,
Was hält die Welt von deinem Tun und Treiben?
Bemüh dich nicht, mir noch mehr schlechte Nachricht
In den Kopf zu stopfen, er ist voll.
BASTARD Doch scheut Ihr euch, das Schlimmste anzuhören,
Dann fällts euch auf den Kopf, unangehört.
KÖNIG JOHN Hab Nachsicht, Neffe, ich war unter Wasser,
Und recht benommen: bin schon wieder oben,

Aloft the flood, and can giue audience
To any tongue, speake it of what it will.

Bast. How I haue sped among the Clergy men,
    The summes I haue collected shall expresse:
    But as I trauail'd hither through the land,
    I finde the people strangely fantasied,
    Possest with rumors, full of idle dreames,
    Not knowing what they feare, but full of feare.
    And here's a Prophet that I brought with me
    From forth the streets of Pomfret, whom I found
    With many hundreds treading on his heeles:
    To whom he sung in rude harsh sounding rimes,
    That ere the next Ascension day at noone,
    Your Highnes should deliuer vp your Crowne.

Iohn. Thou idle Dreamer, wherefore didst thou so?

Pet. Fore-knowing that the truth will fall out so.

Iohn. *Hubert,* away with him: imprison him,
    And on that day at noone, whereon he sayes
    I shall yeeld vp my Crowne, let him be hang'd.
    Deliuer him to safety, and returne,
    For I must vse thee. O my gentle Cosen,

Hear'st thou the newes abroad, who are arriu'd?

Bast. The *French* (my Lord) mens mouths are ful of it:
    Besides I met Lord *Bigot,* and Lord *Salisburie*
    With eyes as red as new enkindled fire,
    And others more, going to seeke the graue (suggestion.
    Of *Arthur,* whom they say is kill'd to night, on your

Iohn. Gentle kinsman, go
    And thrust thy selfe into their Companies,

Krieg wieder Luft, und kann jedweder Zunge
Gehör leihn, sie mag sprechen, was sie will.
BASTARD Wie ich mich bei der Geistlichkeit getummelt,
Kann die Kollekte Euch bezeugen. Aber,
Wie ich so durch die Lande zog, erschienen
Die Menschen mir als sonderbar verworren:
Voll von Gerüchten, leeren Träumereien,
Nicht wissend, was sie fürchten, doch voll Furcht.
Und hier ist ein Prophet, den ich betroffen,
Wie er, mit Hunderten ihm auf den Hacken,
Durch die Straßen Pomfrets zog und sang,
In groben, schlecht gemachten Reimen, daß
Vor an Himmelfahrt die Sonn im Mittag steht,
Eure Hoheit König John ihre Krone ablegt.
KÖNIG JOHN Du alter Spinner, warum tatst du das?
PETER Des bin ich kundig, daß es wahr wird sein.
KÖNIG JOHN Weg mit ihm, Hubert, loch ihn ein: und an
Dem Tag, vor Mittag, da er meint, daß ich
Der Krone würd entsagen, laß ihn hängen.
Bring ihn in Gewahrsam, und dann komm
Zurück, ich brauche dich.
Hubert mit Peter ab.
O Neffe,
Wer da vom Festland eintraf, hörtest dus?
BASTARD Ja, die Franzosen: 's ist in aller Munde.
Weiter traf ich Salisbury und Bigot,
Mit Augen wie frisch angeblasne Glut,
Unterwegs, samt andern Lords, zum Grabe
Arthurs, den man, sagen sie, die Nacht
Getötet hat, auf eure Anordnung.
KÖNIG JOHN Bester Neffe, geh, wirf dich dazwischen.
Ich weiß, wie ich sie neu gewinnen kann;

I haue a way to winne their loues againe:
Bring them before me.

Bast. I will seeke them out.

Iohn. Nay, but make haste: the better foote before.
  O, let me haue no subiect enemies,
  When aduerse Forreyners affright my Townes
  With dreadfull pompe of stout inuasion.
  Be Mercurie, set feathers to thy heeles,
  And flye (like thought) from them, to me againe.

Bast. The spirit of the time shall teach me speed.   *Exit*

Iohn. Spoke like a sprightfull Noble Gentleman.
  Go after him: for he perhaps shall neede
  Some Messenger betwixt me, and the Peeres,
  And be thou hee.

Mes. With all my heart, my Liege.

Iohn. My mother dead?

Enter Hubert.

Hub. My Lord, they say fiue Moones were seene to night:
  Foure fixed, and the fift did whirle about
  The other foure, in wondrous motion.

Ioh. Fiue Moones?

Hub. Old men, and Beldames, in the streets
  Do prophesie vpon it dangerously:
  Yong *Arthurs* death is common in their mouths,
  And when they talke of him, they shake their heads,
  And whisper one another in the eare.
  And he that speakes, doth gripe the hearers wrist,
  Whilst he that heares, makes fearefull action
  With wrinkled browes, with nods, with rolling eyes.
  I saw a Smith stand with his hammer (thus)
  The whilst his Iron did on the Anuile coole,
  With open mouth swallowing a Taylors newes,

Du stellst sie vor mich hin.

BASTARD   Ich geh sie suchen.
KÖNIG JOHN   Tu das, nimm die Beine in die Hand!
     O, laß mich nicht im Innern Feinde haben,
     Wenn kriegerisch der Fremde mir die Stadt schreckt
     Mit dem Gepränge kühner Invasion!
     Merkur sei, hefte Federn an die Fersen,
     Und schnell wie ein Gedanke sei zurück.
BASTARD   Die Zeit erlaubt es nicht, Zeit zu verlieren. *Ab.*
KÖNIG JOHN   Zeitgemäß gesprochen. Folge ihm;
     Kann sein, daß ein Kurier gebraucht wird zwischen
     Mir und den Peers. Sei du der.

BOTE   Herzlich gern. *Ab.*
KÖNIG JOHN   Tot Mutter!
           Hubert.
HUBERT   Mylord, es heißt, heut Nacht sah man fünf Monde:
     Vier standen, und der fünfte wirbelte
     Um sie herum, in sonderbarem Schwung.
KÖNIG JOHN   Fünf Monde?
HUBERT   In den Straßen lesen euch
     Die Alten daraus ahnungsvolle Dinge.
     Sie führen Arthurs Tod im Mund, und wenn sie
     Von ihm sprechen, schütteln sie die Köpfe,
     Und raunen sich ins Ohr; und er, der spricht,
     Packt seinen Hörer so beim Handgelenk,
     Und er, der hört, zieht schreckliche Grimassen,
     Mit Stirnrunzeln, mit Nicken, Augenrollen.
     Ein Schmied stand so mit seinem Hammer da,
     Derweil sein Eisen kalt wurd auf dem Amboß,
     Mit offnem Maul verschlingend, was ein Schneider

Who with his Sheeres, and Measure in his hand,
Standing on slippers, which his nimble haste
Had falsely thrust vpon contrary feete,
Told of a many thousand warlike French,
That were embattailed, and rank'd in Kent.
Another leane, vnwash'd Artificer,
Cuts off his tale, and talkes of *Arthurs* death.

Io. Why seek'st thou to possesse me with these feares?
Why vrgest thou so oft yong *Arthurs* death?
Thy hand hath murdred him: I had a mighty cause
To wish him dead, but thou hadst none to kill him.

H. No had (my Lord?) why, did you not prouoke me?
Iohn. It is the curse of Kings, to be attended
By slaues, that take their humors for a warrant,
To breake within the bloody house of life,
And on the winking of Authoritie
To vnderstand a Law; to know the meaning
Of dangerous Maiesty, when perchance it frownes
More vpon humor, then aduis'd respect.

Hub. Heere is your hand and Seale for what I did.
Ioh. Oh, when the last accompt twixt heauen & earth
Is to be made, then shall this hand and Seale
Witnesse against vs to damnation.
How oft the sight of meanes to do ill deeds,
Make deeds ill done? Had'st not thou beene by,
A fellow by the hand of Nature mark'd,
Quoted, and sign'd to do a deede of shame,
This murther had not come into my minde.
But taking note of thy abhorr'd Aspect,

Zum Besten gab, der, in den Händen noch
Die Schere und die Elle, in Pantoffeln,
Die er in seiner Spinnenhast verwechselt
Und an den falschen Füßen hatte, kundtat,
Es stünd der Franzmann, mit viel tausend Kriegern,
Entschlossen und bereit zur Schlacht in Kent:
Ein andrer ungewaschner Handwerksbursche
Fällt ihm ins Wort und spricht von Arthurs Tod.

KÖNIG JOHN Warum willst du mich das Fürchten lehren?
Warum erwähnst du dauernd Arthurs Tod?
Deine Hand hat ihn ermordet, ich
Hatte mächtig Grund, ihn tot zu wünschen,
Du hingegen keinen, ihn zu töten.

HUBERT Keinen, Herr? Habt Ihr mich nicht bewogen?

KÖNIG JOHN Das ist der Fluch des Königs, über Knechte
Zu gebieten, die gleich jede Laune
Zur Vollmacht nehmen, in des Lebens Haus
Blutgierig einzubrechen, und den Wink
Der Hoheit mit Gesetzeskraft begaben;
Die Absicht des gefürchteten Regenten
Aus jedem Stirnerunzeln lesen, mag es
Der Laune mehr entspringen, als dem Ratschluß.

HUBERT Ich hab es schriftlich von Euch und gesiegelt.

KÖNIG JOHN O, wird die Erdenrechnung einst im Himmel
Präsentiert, dann werden Schrift und Siegel
Wider Uns bis zur Verdammnis zeugen!
Wie oft bewirkt die Aussicht auf ein Mittel
Zu böser Tat, daß böse Tat getan wird!
Wärst du nicht dagestanden, den Natur
Mit eigner Hand gebrandmarkt hat zur Untat,
Nie wär der Mord mir in den Sinn gekommen;
Doch kaum, daß ich, abstoßend wie du bist

Finding thee fit for bloody villanie:
Apt, liable to be employ'd in danger,
I faintly broke with thee of *Arthurs* death:
And thou, to be endeered to a King,
Made it no conscience to destroy a Prince.

Hub. My Lord.

Ioh. Had'st thou but shooke thy head, or made a pause
When I spake darkely, what I purposed:
Or turn'd an eye of doubt vpon my face;
As bid me tell my tale in expresse words:
Deepe shame had struck me dumbe, made me break off,
And those thy feares, might haue wrought feares in me.
But, thou didst vnderstand me by my signes,
And didst in signes againe parley with sinne,
Yea, without stop, didst let thy heart consent,
And consequently, thy rude hand to acte
The deed, which both our tongues held vilde to name.
Out of my sight, and neuer see me more:
My Nobles leaue me, and my State is braued,
Euen at my gates, with rankes of forraigne powres;
Nay, in the body of this fleshly Land,
This kingdome, this Confine of blood, and breathe
Hostilitie, and ciuill tumult reignes
Betweene my conscience, and my Cosins death.

Hub. Arme you against your other enemies:
Ile make a peace betweene your soule, and you.
Yong *Arthur* is aliue: This hand of mine
Is yet a maiden, and an innocent hand.
Not painted with the Crimson spots of blood,
Within this bosome, neuer entred yet
The dreadfull motion of a murderous thought,

Dich sah, geschaffen für ein blutiges
Verbrechen, brauchbar in Gefahr, da sprach ich
Vage dir von Arthurs Tod; und du,
Um dich Liebkind zu machen bei dem König,
Vernichtest du gewissenlos den Prinzen.
HUBERT   Mylord –
KÖNIG JOHN Hättest du den Kopf geschüttelt, oder
Nur geschwiegen, als ich dunkel ansprach,
Was meine Pläne waren, oder zweifelnd
Mir ins Gesicht geblickt, als bätst du mich,
Dir klar zu sagen, was ich von dir wolle,
Geschlagen hätte Scham mit Stummheit mich,
Und deine Furcht in mir Furcht wachgerufen:
Doch du verstandest schon die Andeutung,
Und deutetest sogleich die Sünde an;
Ja, ohne Zögern gabst du deinem Herzen
Den Stoß, und folgerichtig deiner Hand
Befehl, zu tun, was unsrer beider Zunge
Zu scheußlich war, es auch nur auszusprechen.
Mir aus den Augen; kehre nie zurück!
Die Peers verlassen mich, vor meinen Toren
Steht das Ausland, ja, in diesem Reich
Aus Fleisch, dem Königtum aus Blut und Atem,
Regiert der Zank, und innrer Bürgerkrieg
Meiner Seele mit dem Tod des Neffen.
HUBERT Dann rüstet gegen Eure andern Feinde,
Ich versöhne Euch und Eure Seele.
Klein-Arthur lebt: hier meine Hand ist Jungfrau,
Und eine Hand der Unschuld, nicht gefärbt
Mit roten Flecken Bluts. In diese Brust
Drang noch kein Mordgedanke ein, und Ihr
Habt die Natur in meiner Form verleumdet,

And you haue slander'd Nature in my forme,
Which howsoeuer rude exteriorly,
Is yet the couer of a fayrer minde,
Then to be butcher of an innocent childe.
Iohn. Doth *Arthur* liue? O hast thee to the Peeres,
Throw this report on their incensed rage,
And make them tame to their obedience.
Forgiue the Comment that my passion made
Vpon thy feature, for my rage was blinde,
And foule immaginarie eyes of blood
Presented thee more hideous then thou art.
Oh, answer not; but to my Closset bring
The angry Lords, with all expedient hast,
I coniure thee but slowly: run more fast.   *Exeunt.*

Scœna Tertia.

Enter Arthur on the walles.

Ar. The Wall is high, and yet will I leape downe.
Good ground be pittifull, and hurt me not:
There's few or none do know me, if they did,
This Ship-boyes semblance hath disguis'd me quite.
I am afraide, and yet Ile venture it.
If I get downe, and do not breake my limbes,
Ile finde a thousand shifts to get away;
As good to dye, and go; as dye, and stay.

Oh me, my Vnckles spirit is in these stones,
Heauen take my soule, and England keep my bones. *Dies*

Die, mag sie äußerlich auch ungeschlacht sein,
Doch etwas Besserem zur Hülle dient, als
Dem Schlächter eines unschuldigen Kindes.

KÖNIG JOHN Arthur lebt? O lauf mir zu den Peers,
Schütt ihnen das auf den entbrannten Zorn,
Und mach sie zahm für ihre Obrigkeit!
Vergib mir, was ich in der Hitze über
Dein Aussehn sagte; ich war blind vor Wut
Und den trüben Augen meiner Blutschuld
Erschienst du fürchterlicher, als du bist.
Antworte nichts, nur schaff in meine Zimmer
Die aufgebrachten Lords, so rasch du kannst.
Ich bitte dich zu langsam, du sei schneller.   *Beide ab.*

3. Szene

Arthur, auf der Mauer.

ARTHUR So hoch die Mauer ist, ich spring hinunter:
Hab Mitleid, lieber Grund, tu mir nicht weh!
Kaum einer wird mich kennen: und wenn doch,
Bin ich, als Schiffsjunge, für ihn ganz fremd.
Ich habe Angst; und doch will ich es wagen.
Und bin ich erst mit heilen Knochen unten,
Erfinde ich zur Flucht mir tausend Arten:
Dem Tod entgegen, und nicht auf ihn warten.
                    Er springt.
O mir! Des Onkels Geist ist in dem Stein:
Nimm, Himmel, meine Seele, England, mein Gebein!
                    Er stirbt.

Enter Pembroke, Salisbury, & Bigot.

Sal. Lords, I will meet him at S. *Edmondsbury*,
    It is our safetie, and we must embrace
    This gentle offer of the perillous time.

Pem. Who brought that Letter from the Cardinall?

Sal. The Count *Meloone*, a Noble Lord of France,
    Whose priuate with me of the Dolphines loue,
    Is much more generall, then these lines import.

Big. To morrow morning let vs meete him then.

Sal. Or rather then set forward, for 'twill be
    Two long dayes iourney (Lords) or ere we meete.
                Enter Bastard.

Bast. Once more to day well met, distemper'd Lords,
    The King by me requests your presence straight.

Sal. The king hath dispossest himselfe of vs,
    We will not lyne his thin-bestained cloake
    With our pure Honors: nor attend the foote
    That leaues the print of blood where ere it walkes.
    Returne, and tell him so: we know the worst.

Bast. What ere you thinke, good words I thinke
      were best.

Sal. Our greefes, and not our manners reason now.

Bast. But there is little reason in your greefe.
    Therefore 'twere reason you had manners now.

Pem. Sir, sir, impatience hath his priuiledge.

Bast. 'Tis true, to hurt his master, no mans else.

Sal. This is the prison: What is he lyes heere?

P. Oh death, made proud with pure & princely beuty,
    The earth had not a hole to hide this deede.

Sal. Murther, as hating what himselfe hath done,
    Doth lay it open to vrge on reuenge.

Big. Or when he doom'd this Beautie to a graue,

Pembroke. Salisbury. Bigot.

SALISBURY Lords, in Saint Edmundsbury treff ich ihn:
    Wir sind da sicher, und es gilt, die Chance,
    Die uns die Zeit gefällig gibt, zu nutzen.
PEMBROKE Der Brief des Kardinals, wer brachte ihn?
SALISBURY Der Graf Melun, aus Frankreichs hohem Adel,
    Dem der Dauphin es insgeheim vertraute,
    Daß er uns schätzt, mehr, als der Brief besagt.
BIGOT Dann laßt uns morgen früh mit ihm uns treffen.
SALISBURY Da ist erst Aufbruch, denn zwei Tagesritte,
    Lords, wird es brauchen, ehe wir ihn treffen.

Bastard.

BASTARD Den zweiten Gruß, ihr mißvergnügten Lords!
    Der König läßt, durch mich, euch eilends bitten.
SALISBURY Der König hat sich selbst um uns gebracht:
    Wir säumen ihm den dünnen Mantel, den
    Befleckten, nicht mit Ehre, folgen nicht
    Dem Fuß, der blutig eine Spur zieht. Geh,
    Und richte ihm das aus: wir wissen alles.
BASTARD Was ihr auch denkt, 's gilt gute Worte, denk ich.

SALISBURY Jetzt ist nicht die Stunde für Manieren.
BASTARD Für die Manier ist gleichfalls nicht die Stunde;
    Drum seid, nur eine Stunde noch, manierlich.
PEMBROKE Sir, Sir, der Unmut hat nunmehr das Vorrecht.
BASTARD Sehr wahr, dem Herrn zu schaden, unmanierlich.
SALISBURY Hier ist die Festung. Aber wer liegt da?
PEMBROKE O Tod, wie bist du stolz mit diesem Prinzen!
    Die Erde hat der Tat ein Loch verweigert.
SALISBURY Der Mord, wie hassend, was er selbst getan,
    Legts offen aus, die Rache anzuspornen.
BIGOT Oder er befand dies Kind, das ei

Found it too precious Princely, for a graue.

Sal. Sir *Richard*, what thinke you? you haue beheld,
Or haue you read, or heard, or could you thinke?
Or do you almost thinke, although you see,
That you do see? Could thought, without this obiect
Forme such another? This is the very top,
The heighth, the Crest: or Crest vnto the Crest
Of murthers Armes: This is the bloodiest shame,
The wildest Sauagery, the vildest stroke
That euer wall-ey'd wrath, or staring rage
Presented to the teares of soft remorse.

Pem. All murthers past, do stand excus'd in this:
And this so sole, and so vnmatcheable,
Shall giue a holinesse, a puritie,
To the yet vnbegotten sinne of times;
And proue a deadly blood-shed, but a iest,
Exampled by this heynous spectacle.

Bast. It is a damned, and a bloody worke,
The gracelesse action of a heauy hand,
If that it be the worke of any hand.

Sal. If that it be the worke of any hand?
We had a kinde of light, what would ensue:
It is the shamefull worke of *Huberts* hand,
The practice, and the purpose of the king:
From whose obedience I forbid my soule,
Kneeling before this ruine of sweete life,
And breathing to his breathlesse Excellence
The Incense of a Vow, a holy Vow:
Neuer to taste the pleasures of the world,
Neuer to be infected with delight,

Ins Grab gebracht, zu köstlich für ein Grab.
SALISBURY Sir Richard, was denkt Ihr? Ihr seht nun selbst.
    Sagt, habt Ihr das je gelesen, je
    Gehört, geschweige denn gedacht, und könnt Ihr
    Jetzt, da Ihr es seht, es denken, was
    Ihr da seht? Kann ein Gedanke sich,
    Wie dieser, bilden, ohne diesen Anblick?
    Dies ist das Äußerste, das Ärgste, ist
    Das Wappen, ist der Helmschmuck, ist die Zier
    An Mordes Aufputz: blutigere Schande
    Hat wildeste Verrohung nicht, nicht schlimmstes
    Wüten blicklos starräugigen Zorns
    Den Tränen je des Mitleids dargeboten.
PEMBROKE Schuldlos aller Mord durch diesen einen:
    Und dieser eine, nicht zu überbieten,
    Heiligt alle ungebornen Sünden
    Im Schoß der Zeit, und macht ein tödlich Blutbad
    Zu einem Scherz vor seinem grausen Schauspiel.

BASTARD Verfluchte Arbeit das, mit Blut begossen,
    Verbrechen einer gnadenlosen Hand,
    Wenn es die Arbeit einer Hand denn war.
SALISBURY Wenn es die Arbeit einer Hand denn war!
    Uns ist ein Licht in dieser Sache aufgegangen:
    Die Schandtat ist das Werk von Huberts Hand,
    Gewollt, und ausgedacht, hat sie der König,
    Dem ich Gefolgschaft künftig weigere.
    Kniend vor den Trümmern süßen Lebens,
    Spreche ich zu seiner stillen Hoheit
    Ein Gelübde, einen heilgen Eid,
    Daß ich des Lebens Freuden nicht will schmecken,
    Mich von der Pest will heilen des Genießens,

Nor conuersant with Ease, and Idlenesse,
Till I haue set a glory to this hand,
By giuing it the worship of Reuenge.
Pem. Big. Our soules religiously confirme thy words.

Hub. Lords, I am hot with haste, in seeking you,
    Arthur doth liue, the king hath sent for you.
Sal. Oh he is bold, and blushes not at death,
    Auant thou hatefull villain, get thee gone.
Hu. I am no villaine.   *Sal.* Must I rob the law?

Bast. Your sword is bright sir, put it vp againe.
Sal. Not till I sheath it in a murtherers skin.
Hub. Stand backe Lord Salsbury, stand backe I say:
    By heauen, I thinke my sword's as sharpe as yours.
    I would not haue you (Lord) forget your selfe,
    Nor tempt the danger of my true defence;
    Least I, by marking of your rage, forget
    your Worth, your Greatnesse, and Nobility.
Big. Out dunghill: dar'st thou braue a Nobleman?
Hub. Not for my life: But yet I dare defend
    My innocent life against an Emperor.
Sal. Thou art a Murtherer.
Hub. Do not proue me so:
    Yet I am none. Whose tongue so ere speakes false,
    Not truely speakes: who speakes not truly, Lies.
Pem. Cut him to peeces.
Bast. Keepe the peace, I say.
Sal. Stand by, or I shall gaul you *Faulconbridge.*
Bast. Thou wer't better gaul the diuell Salsbury.
    If thou but frowne on me, or stirre thy foote,
    Or teach thy hastie spleene to do me shame,

Nicht müßiggehn, noch Eitelkeiten frönen,
Bis ich die Hand hier mit dem Ruhm bedecke,
Den Gottesdienst der Rache zu vollziehn.
PEMBROKE UND BIGOT Von ganzem Herzen teilen wir den
    Hubert.   [Schwur.
HUBERT Lords, ich suche euch aus Leibeskräften:
 Arthur lebt; der König schickt nach euch.
SALISBURY Er hat die Stirn, vor Mord nicht zu erröten.
 Verschwinde, Schuft, verhaßter, heb dich weg!
HUBERT Ich bin kein Schuft.
SALISBURY Muß ich das Recht berauben? *Zieht.*
BASTARD Euch ist das Schwert blank, Sir; steckts wieder weg.
SALISBURY Das will ich tun: in eine Mörderhaut.
HUBERT Steht ab, Lord Salisbury, steht ab, sag ich;
 Beim Himmel, mein Schwert ist wie Eures scharf.
 Ich duld es nicht, Lord, daß Ihr euch vergeßt,
 Noch daß Euch meine Wehr ans Leben geht;
 Es sei denn, Eure Wut macht mich vergessen,
 Daß Ihr von Adel seid und eine Größe.
BIGOT Das Maul, Dreckhaufen! Willst dem Adel trotzen?
HUBERT Im Leben nicht: doch trotze ich dem Kaiser,
 Will er zu Unrecht an das Leben mir.
SALISBURY Du bist ein Mörder.
HUBERT   Macht mich nicht dazu:
 Noch bin ichs nicht. Der, dessen Zunge falsch spricht,
 Spricht nicht, was wahr; wer unwahr spricht, der lügt.
PEMBROKE Haut ihn in Stücke!
BASTARD   Ruh gehalten, sag ich.
SALISBURY Zur Seite, Faulconbridge, sonst ritz ich dich.
BASTARD Ritzt lieber gleich den Teufel, Salisbury:
 Zieht Ihr die Stirn kraus, oder rührt den Fuß,
 Oder fällt Euch bei, mich zu beschimpfen,

Ile strike thee dead. Put vp thy sword betime,
Or Ile so maule you, and your tosting-Iron,
That you shall thinke the diuell is come from hell.
Big. What wilt thou do, renowned *Faulconbridge*?
Second a Villaine, and a Murtherer?
Hub. Lord *Bigot*, I am none.
Big. Who kill'd this Prince?

Hub. 'Tis not an houre since I left him well:
I honour'd him, I lou'd him, and will weepe
My date of life out, for his sweete liues losse.

Sal. Trust not those cunning waters of his eyes,
For villanie is not without such rheume,
And he, long traded in it, makes it seeme
Like Riuers of remorse and innocencie.
Away with me, all you whose soules abhorre
Th'vncleanly sauours of a Slaughter-house,
For I am stifled with this smell of sinne.
Big. Away, toward *Burie*, to the Dolphin there.
P. There tel the king, he may inquire vs out.   *Ex. Lords.*

Ba. Here's a good world: knew you of this faire work?
Beyond the infinite and boundlesse reach of mercie,
(If thou didst this deed of death) art y^u damn'd *Hubert.*

Hub Do but heare me sir.
Bast. Ha? Ile tell thee what.
Thou'rt damn'd as blacke, nay nothing is so blacke,
Thou art more deepe damn'd then Prince Lucifer:
There is not yet so vgly a fiend of hell
As thou shalt be, if thou didst kill this childe.

Schlag ich Euch tot. Das Schwert weg, oder ich
Verprügle Euch samt eurem Waffeleisen,
Daß Ihr den Teufel fern der Hölle glaubt.
BIGOT Was hast du vor, ruhmvoller Faulconbridge?
Dem Schuft und Mörder hier zu sekundiern?
HUBERT Das bin ich nicht, Lord Bigot.
BIGOT   Wer hat diesen
Prinzen umgebracht?
HUBERT   Noch keine Stunde
Ist es her, daß ich ihn heil zurückließ:
Ich ehrte ihn, ich liebte ihn, und weinen
Muß ich mein Lebtag um sein süßes Leben.
SALISBURY Mißtraut dem heuchlerischen Augenwasser,
Denn auch die Schurkerei kennt solche Tränen;
Und wer darin geübt ist, macht sie fließen,
Wie einen Strom des Mitleids und der Unschuld.
Kommt weg mit mir, die ihr bis in die Seele
Den widerlichen Schlachthausdunst verabscheut;
Denn ich ersticke am Geruch der Sünde.
BIGOT Auf nach Edmundsbury, zum Dauphin!
PEMBROKE Da mag der König nach uns fragen. Sagts ihm.
                              Lords ab.
BASTARD Nett geht es zu! Weißt du um dieses Kunststück?
So endlos weit und über alle Grenzen
Die Gnade reicht, wenn du die Tat getan,
Bist du verdammt.
HUBERT   Sir, hört mich an –
BASTARD   Ich sag dir,
So schwarz verdammt wie – nein, nichts ist so schwarz;
So tief verdammt ist nicht der Fürst der Hölle;
Kein Teufel Luzifers ist so abscheulich,
Wie du, wenn du dies Kind getötet hast.

Hub. Vpon my soule.

Bast. If thou didst but consent
    To this most cruell Act: do but dispaire,
    And if thou want'st a Cord, the smallest thred
    That euer Spider twisted from her wombe
    Will serue to strangle thee: A rush will be a beame
    To hang thee on. Or wouldst thou drowne thy selfe,
    Put but a little water in a spoone,
    And it shall be as all the Ocean,
    Enough to stifle such a villaine vp.
    I do suspect thee very greeuously.

Hub. If I in act, consent, or sinne of thought,
    Be guiltie of the stealing that sweete breath
    Which was embounded in this beauteous clay,
    Let hell want paines enough to torture me:
    I left him well.

Bast. Go, beare him in thine armes:
    I am amaz'd me thinkes, and loose my way
    Among the thornes, and dangers of this world.
    How easie dost thou take all *England* vp,
    From forth this morcell of dead Royaltie?
    The life, the right, and truth of all this Realme
    Is fled to heauen: and *England* now is left
    To tug and scamble, and to part by th'teeth
    The vn-owed interest of proud swelling State:
    Now for the bare-pickt bone of Maiesty,
    Doth dogged warre bristle his angry crest,
    And snarleth in the gentle eyes of peace:
    Now Powers from home, and discontents at home
    Meet in one line: and vast confusion waites

HUBERT Mein Seel –
BASTARD   Hast du der grauenvollen Tat
　　Nur zugestimmt, verzweifle; und wo dir
　　Ein Strick fehlt, dient der allerdünnste Faden,
　　Den eine Spinne je aus ihrem Leib wand,
　　Dir zur Schlinge, jeder Halm zum Balken,
　　Dich dran zu hängen, oder zum Ersäufen
　　Nimm einen Löffel mit ein wenig Wasser,
　　Es wird der Ozean sein, und genug,
　　So einen Schurken darin zu ertränken.
　　Ich habe dich gewaltig im Verdacht.
HUBERT Wenn ich durch Tat, mit Beifall, in Gedanken,
　　Schuldig bin geworden an dem Diebstahl
　　Des süßen Atems aus der schönen Form,
　　Dann soll die Hölle selbst noch Martern suchen,
　　Um mich zu quälen. Als ich ihn verließ,
　　War er wohlauf.
BASTARD   Komm, nimm ihn in die Arme.
　　Betäubt steh ich, mir scheint, mein Fuß verfängt sich
　　In dem Gestrüpp und der Gefahr der Welt.
　　Wie leicht dirs wird, ganz England aufzuheben!
　　Aus diesem Häuflein toten Königtums
　　Entfloh das Leben, das Gesetz, die Ordnung
　　Des ganzen Reichs zum Himmel; preisgegeben
　　Liegt England dem Geziehe und Gezerre,
　　Das mit den Zähnen jetzt die Macht zerreißt,
　　Die herrenlose, dieses stolzen Lands.
　　Jetzt sträubt der Hundekrieg den Nacken nach
　　Dem abgenagten Knochen Majestät
　　Und knurrt der Eintracht in die sanften Züge.
　　In einer Reihe steht das Ausland jetzt
　　Mit allen Unzufriednen hierzuland;

As doth a Rauen on a sicke-falne beast,
The iminent decay of wrested pompe.
Now happy he, whose cloake and center can
Hold out this tempest. Beare away that childe,
And follow me with speed: Ile to the King:
A thousand businesses are briefe in hand,
And heauen it selfe doth frowne vpon the Land.   *Exit.*

Actus Quintus, Scæna prima.

Enter King Iohn and Pandolph, attendants.

K. Iohn. Thus haue I yeelded vp into your hand
  The Circle of my glory.
Pan. Take againe
  From this my hand, as holding of the Pope
  Your Soueraigne greatnesse and authoritie.
Iohn. Now keep your holy word, go meet the *French,*
  And from his holinesse vse all your power
  To stop their marches 'fore we are enflam'd:
  Our discontented Counties doe reuolt:
  Our people quarrell with obedience,
  Swearing Allegiance, and the loue of soule
  To stranger-bloud, to forren Royalty;
  This inundation of mistempred humor,
  Rests by you onely to be qualified.
  Then pause not: for the present time's so sicke,
  That present medcine must be ministred,
  Or ouerthrow incureable ensues.
Pand. It was my breath that blew this Tempest vp,
  Vpon your stubborne vsage of the Pope:

Und gründliche Verwirrung harrt geduldig,
Gleich einem Geier bei dem lahmen Tier,
Des nahen Hinfalls losgerissner Herrschaft.
Den nenn ich glücklich, dessen Rock und Gürtel
Diesen Sturm aushalten. Trag das Kind weg,
Dann folge eilig mir: ich will zum König.
Eintausend Dinge brauchen feste Hand,
Und drohend blickt der Himmel auf das Land.

Fünfter Akt 1.Szene

König John. Pandulph. Gefolge.

KÖNIG JOHN *übergibt die Krone* So überliefre ich in Eure Hand
    Den Kreisring meiner Würde.
PANDULPH *gibt die Krone zurück*   Nehmt denn wieder,
    Aus meiner Hand, als Lehn des Papstes, Eure
    Herrschermacht und Souveränität.
KÖNIG JOHN Nun haltet Euer Wort: sucht die Franzosen auf,
    Und, kraft der Macht von Seiner Heiligkeit,
    Bremst ihren Vormarsch, eh wir hier in Brand stehn.
    Der aufgebrachte Adel revoltiert;
    Das Volk will sich der Obrigkeit nicht beugen,
    Schwört Untertanentreue und Gefolgschaft
    Dem fremden Blut, dem ausländischen König.
    Nur Ihr allein seid fähig, diesen Anfall
    Fiebriger Verwirrung zu beruhigen:
    Dann zögert nicht; so krank ist diese Zeit,
    Daß dringend sie Arznei benötigt, oder
    Unheilbarer Umsturz ist die Folge.
PANDULPH Es war mein Wort, das diesen Sturm erregte,
    Nachdem Ihr Euch dem Papst halsstarrig zeigtet;

But since you are a gentle conuertite,
My tongue shall hush againe this storme of warre,
And make faire weather in your blustring land:
On this Ascension day, remember well,
Vpon your oath of seruice to the Pope,
Goe I to make the *French* lay downe their Armes. *Exit.*

Iohn. Is this Ascension day? did not the Prophet
    Say, that before Ascension day at noone,
    My Crowne I should giue off? euen so I haue:
    I did suppose it should be on constraint,
    But (heau'n be thank'd) it is but voluntary.
               Enter Bastard.
Bast. All Kent hath yeelded: nothing there holds out
    But Douer Castle: London hath receiu'd
    Like a kinde Host, the Dolphin and his powers.
    Your Nobles will not heare you, but are gone
    To offer seruice to your enemy:
    And wilde amazement hurries vp and downe
    The little number of your doubtfull friends.
Iohn. Would not my Lords returne to me againe
    After they heard yong *Arthur* was aliue?
Bast. They found him dead, and cast into the streets,
    An empty Casket, where the Iewell of life
    By some damn'd hand was rob'd, and tane away.
Iohn. That villaine *Hubert* told me he did liue.
Bast. So on my soule he did, for ought he knew:
    But wherefore doe you droope? why looke you sad?
    Be great in act, as you haue beene in thought:
    Let not the world see feare and sad distrust

Doch da Ihr nun ein milder Konvertit seid,
Wird mein Mund die kriegerischen Wetter
Besänftigen und Euch die Wolken über
Eurem aufgewühlten Land vertreiben.
Noch heut, an Himmelfahrt, merkt Euch den Tag,
Begebe ich, Ihr schwurt, dem Papst zu folgen,
Zu den Franzosen mich und sage ihnen,
Sie sollen ihre Waffen niederlegen.   *Ab.*

KÖNIG JOHN Ists Himmelfahrt? An Himmelfahrt, wahrsagte
Der Prophet mir, würde ich, vor Mittag,
Die Krone überliefern, und ich tats.
Ich nahm an, es wäre unter Zwang;
Doch, Dank dem Himmel, wars aus freiem Willen.

                          Bastard.

BASTARD Ganz Kent läuft über: Stellung hält nur noch
Die Festung Dover; dem Dauphin hat London
Den allerfreundlichsten Empfang bereitet;
Die Peers sind taub für Euch und aufgebrochen,
Um Eurem Gegner Dienste anzubieten;
Und das kleine Grüppchen Eurer Freunde,
Es wird von wilden Zweifeln heimgesucht.

KÖNIG JOHN Die Lords, sie stehen weiter gegen mich,
Obwohl sie hörten, Arthur sei am Leben?

BASTARD Sie fanden tot ihn auf dem Pflaster liegen,
Ein leeres Kästchen, das verfluchte Hände
Erbrachen, um des Lebens Schmuck zu rauben.

KÖNIG JOHN Der Schurke Hubert sagte mir, er lebt.

BASTARD Je nun, mein Seel, er sagte, was er wußte.
Warum senkt Ihr den Kopf? Die Trauermiene,
Wozu ist sie gut? Seid groß im Handeln,
Wie Ihrs im Denken seid; laßt nicht die Welt,
In Blicken eines herrscherlichen Auges,

Gouerne the motion of a kinglye eye:
Be stirring as the time, be fire with fire,
Threaten the threatner, and out-face the brow
Of bragging horror: So shall inferior eyes
That borrow their behauiours from the great,
Grow great by your example, and put on
The dauntlesse spirit of resolution.
Away, and glister like the god of warre
When he intendeth to become the field:
Shew boldnesse and aspiring confidence:
What, shall they seeke the Lion in his denne,
And fright him there? and make him tremble there?
Oh let it not be said: forrage, and runne
To meet displeasure farther from the dores,
And grapple with him ere he come so nye.

Iohn. The Legat of the Pope hath beene with mee,
And I haue made a happy peace with him,
And he hath promis'd to dismisse the Powers
Led by the Dolphin.
Bast. Oh inglorious league:
Shall we vpon the footing of our land,
Send fayre-play-orders, and make comprimise,
Insinuation, parley, and base truce
To Armes Inuasiue? Shall a beardlesse boy,
A cockred-silken wanton braue our fields,
And flesh his spirit in a warre-like soyle,
Mocking the ayre with colours idlely spred,
And finde no checke? Let vs my Liege to Armes:
Perchance the Cardinall cannot make your peace;

Furcht sehn, und ein kummervolles Mißtraun!
Seid wie die Zeit rauh, seid im Feuer Feuer,
Bedroht die Drohung, starrt dem Schrecken
Finstrer ins Gesicht, als er in Eures:
Dann richtet der gemeine Blick der Menge,
Der stets die Großen nachzuäffen sucht,
Sich groß an Eurem Beispiel auf, und nimmt
Den Ausdruck wagender Entschließung an.
Ermannt Euch! Schimmert wie der Gott des Krieges,
Da er ins Feld zu ziehn sich herrlich anschickt,
Zeigt kühnen Mut, und stärkt durch Zuversicht!
Wie denn, solls gestattet sein, dem Löwen
Hier, in seiner Höhle, Angst zu machen?
Hier zittern ihn zu lassen? Das doch nicht:
Kommt über sie, und stellt das Unheil weit
Vor Eurer Tür, und nehmt es in den Griff,
Bevor es Euch noch näher rücken kann!

KÖNIG JOHN Bei mir war der Legat des Papstes, und
Ich konnte glücklich Frieden mit ihm schließen;
Und er versprach, die Truppen wegzuschicken
Des Dauphins.

BASTARD   O unrühmliches Bündnis!
Auf Heimatboden stehend, tauschen wir
Mit Invasionsarmeen freundlich Grüße,
Sind auf Vergleich aus, machen Angebote,
Verhandeln und erbitten Waffenstillstand?
Ein glattrasiertes, ein verwöhntes Bürschchen,
Spreizt sich in seidnen Hosen uns im Land,
Und spielt den Helden, wo der Krieg sonst wohnt,
Verhöhnt mit seinen Fähnchen unsern Himmel,
Und kommt davon? Mein König, zu den Waffen!
Euer Frieden kann dem Kardinal

Or if he doe, let it at least be said
They saw we had a purpose of defence.

Iohn. Haue thou the ordering of this present time.

Bast. Away then with good courage: yet I know
Our Partie may well meet a prowder foe.   *Exeunt.*

Scœna Secunda.

Enter (in Armes) Dolphin, Salisbury, Meloone, Pem-
broke, Bigot, Souldiers.

Dol. My Lord *Melloone,* let this be coppied out,
And keepe it safe for our remembrance:
Returne the president to these Lords againe,
That hauing our faire order written downe,
Both they and we, perusing ore these notes
May know wherefore we tooke the Sacrament,
And keepe our faithes firme and inuiolable.

Sal. Vpon our sides it neuer shall be broken.
And Noble Dolphin, albeit we sweare
A voluntary zeale, and an vn-urg'd Faith
To your proceedings: yet beleeue me Prince,
I am not glad that such a sore of Time
Should seeke a plaster by contemn'd reuolt,
And heale the inueterate Canker of one wound,
By making many: Oh it grieues my soule,
That I must draw this mettle from my side
To be a widdow-maker: oh, and there
Where honourable rescue, and defence
Cries out vpon the name of *Salisbury.*
But such is the infection of the time,
That for the health and Physicke of our right,

Mißlingen; wenigstens soll niemand sagen,
Er habe keine Gegenwehr bemerkt.

KÖNIG JOHN Sei du nun der, der dieser Zeit befiehlt.

BASTARD Auf denn, seid guten Mutes! So vereint,
Besiegen wir auch einen stolzern Feind. *Beide ab.*

2. Szene

Lewis. Melun. Salisbury. Pembroke. Bigot. Soldaten.

LEWIS Dies laßt kopieren, Lord Melun, und dann
Verwahrt die Abschrift gut, uns zur Erinnrung:
Das Original erhalten diese Herrn,
Damit sie, wie auch wir, nachlesen können,
Was wir so schön beschlossen, und worauf wir
Das Sakrament genommen haben, auf daß
Unsre Eide unverbrüchlich bleiben.

SALISBURY Von unsrer Seite werden sie gehalten,
Edler Dauphin. Aus freien Stücken haben
Wir alle hier geschworen, euer Vorgehn
Zu unterstützen, aber glaubt mir, Prinz,
Es freut mich nicht, daß dieser Zeiten Übel
In Rebellion sich schmachvoll Heilung sucht,
Und eine Wunde nur vernähen kann,
Indem es viele öffnet. O, schwer liegt es
Mir auf der Seele, daß ich dieses Eisen
Muß von der Seite ziehn als Witwenmacher!
O, und noch da, wo ehrenhafte Abwehr
Den Namen Salisbury verfluchen muß!
Das ist die Pest der Zeit, daß gutes Recht

We cannot deale but with the very hand
Of sterne Iniustice, and confused wrong:
And is't not pitty, (oh my grieued friends)
That we, the sonnes and children of this Isle,
Was borne to see so sad an houre as this,
Wherein we step after a stranger, march
Vpon her gentle bosom, and fill vp
Her Enemies rankes? I must withdraw, and weepe
Vpon the spot of this inforced cause,
To grace the Gentry of a Land remote,
And follow vnacquainted colours heere:
What heere? O Nation that thou couldst remoue,
That *Neptunes* Armes who clippeth thee about,
Would beare thee from the knowledge of thy selfe,
And cripple thee vnto a Pagan shore,
Where these two Christian Armies might combine
The bloud of malice, in a vaine of league,
And not to spend it so vn-neighbourly.

Dolph. A noble temper dost thou shew in this,
And great affections wrastling in thy bosome
Doth make an earth-quake of Nobility:
Oh, what a noble combat hast fought
Between compulsion, and a braue respect:
Let me wipe off this honourable dewe,
That siluerly doth progresse on thy cheekes:
My heart hath melted at a Ladies teares,
Being an ordinary Inundation:
But this effusion of such manly drops,
This showre, blowne vp by tempest of the soule,
Startles mine eyes, and makes me more amaz'd
Then had I seene the vaultie top of heauen
Figur'd quite ore with burning Meteors.

Nurmehr durch krasses Unrecht noch erkämpft wird.
Und welch ein Jammer, meine armen Freunde,
Daß wir, des Eilands Söhne, seine Kinder,
Geboren wurden für die schlimme Stunde,
In der wir in der Fußspur eines Fremdlings
Seinen Busen treten, und die Reihen
Seiner Feinde füllen. Ich muß weinen,
Daß wir befleckt sind gegen unsern Willen,
Eroberern als Zierat dienen, und
Hier andern als den eignen Fahnen folgen.
Was, hier? O Land, daß du verziehen könntest!
Daß Neptuns Arme, die umklammernden,
Dich von dir weg ins Unbekannte trügen,
Und dich an eine Heidenküste würfen,
Wo zweier Christenheere böses Blut
In eine brüderliche Ader flösse,
Und zwischen Nachbarn nicht vergossen würde.

LEWIS Ihr zeigt uns eine feine Sinnesart;
    Gewaltig widerstreitende Gefühle
    Lassen Eure edle Brust erbeben.
    O welchen großen Kampf hat dies »Ich muß«
    Gekämpft mit dem »Ich darf nicht«! Ihr erlaubt,
    Daß ich den ehrenwerten Tau wegwische,
    Der silbern Euch die Wangen überquert:
    Vor Frauentränen schmolz mein Herz dahin,
    Der Flut, die alle Tage steigt, doch das hier,
    Dies Verströmen mannhafter Gewässer,
    Der Guß, vom Seelensturm hervorgebracht,
    Entsetzt mein Auge, und bestürzt mich mehr,
    Als sähe ich des Himmels hohe Schale
    Von flammenden Kometen überzogen.

Lift vp thy brow (renowned *Salisburie*)
And with a great heart heaue away this storme:
Commend these waters to those baby-eyes
That neuer saw the giant-world enrag'd,
Nor met with Fortune, other then at feasts,
Full warm of blood, of mirth, of gossipping:
Come, come; for thou shalt thrust thy hand as deepe
Into the purse of rich prosperity
As *Lewis* himselfe: so (Nobles) shall you all,
That knit your sinewes to the strength of mine.
                    Enter Pandulpho.
And euen there, methinkes an Angell spake,
Looke where the holy Legate comes apace,
To giue vs warrant from the hand of heauen,
And on our actions set the name of right
With holy breath.
Pand. Haile noble Prince of *France*:
     The next is this: King *Iohn* hath reconcil'd
     Himselfe to *Rome*, his spirit is come in,
     That so stood out against the holy Church,
     The great Metropolis and Sea of Rome:
     Therefore thy threatning Colours now winde vp,
     And tame the sauage spirit of wilde warre,
     That like a Lion fostered vp at hand,
     It may lie gently at the foot of peace,
     And be no further harmefull then in shewe.
Dol. Your Grace shall pardon me, I will not backe:
     I am too high-borne to be proportied
     To be a secondary at controll,
     Or vsefull seruing-man, and Instrument
     To any Soueraigne State throughout the world.
     Your breath first kindled the dead coale of warres,

Entfaltet Eure Stirn, ruhmvoller Lord,
Und laßt, im weiten Herz, den Sturm verwehn:
Die Tränen überlaßt den Kinderaugen,
Die, unbekannt mit der Gewalt der Welt,
Das Leben noch als Feier sehn, voll Wärme,
Frohsinn, voll von Neckerei. Kommt, kommt;
Ihr sollt die Hand genauso tief wie Lewis
In des Aufschwungs goldne Börse tauchen:
Ihr alle sollts, Ihr Edlen, die Ihr Euch
Mit allen Fasern meiner Macht verbunden.

Pandulph.

Und eben scheint es mir, ein Engel sprach:
Denn der Legat des Heilgen Stuhls naht dort,
Uns Vollmacht von des Himmels Hand zu bringen,
Und unsern Feldzug, durch sein geistlich Wort,
Ins Recht zu setzen.

PANDULPH   Heil euch, edler Prinz!
Der nächste Punkt ist: König John hat sich
Rom unterworfen; heimgekehrt ist ihm
Sein Sinn, der unsrer heilgen Mutter Kirche
Entgegenstand, dem großen Rom. Rollt also
Eure Schlachtpaniere wieder ein,
Und zähmt den rauhen Geist des wilden Kriegs,
So daß er, wie ein Löwe, der gebändigt,
Dem Frieden sich beruhigt zu Füßen legt,
Und bis auf seinen Anblick harmlos bleibt.

LEWIS Verzeiht, Hochwürden, nichts dergleichen tu ich:
Ich bin zu hoch geboren, um Leibeigner
Um Befehlsempfänger, oder nützlich,
Wie ein Dienstmann, oder eine Zange,
Gleich welchem Souverän der Welt zu sein.
Euer Atem blies die Kriegsglut an,

Betweene this chastiz'd kingdome and my selfe,
And brought in matter that should feed this fire;
And now 'tis farre too huge to be blowne out
With that same weake winde, which enkindled it:
You taught me how to know the face of right,
Acquainted me with interest to this Land,
Yea, thrust this enterprize into my heart,
And come ye now to tell me *Iohn* hath made
His peace with *Rome*? what is that peace to me?
I (by the honour of my marriage bed)
After yong *Arthur*, claime this Land for mine,
And now it is halfe conquer'd, must I backe,
Because that *Iohn* hath made his peace with *Rome*?
Am I *Romes* slaue? What penny hath *Rome* borne?
What men prouided? What munition sent
To vnder-prop this Action? Is't not I
That vnder-goe this charge? Who else but I,
And such as to my claime are liable,
Sweat in this businesse, and maintaine this warre?
Haue I not heard these Islanders shout out
Viue le Roy, as I haue bank'd their Townes?
Haue I not heere the best Cards for the game
To winne this easie match, plaid for a Crowne?
And shall I now giue ore the yeelded Set?
No, no, on my soule it neuer shall be said.

Pand. You looke but on the out-side of this worke.
Dol. Out-side or in-side, I will not returne
    Till my attempt so much be glorified,
    As to my ample hope was promised,
    Before I drew this gallant head of warre,

Die zwischen mir und diesem heimgesuchten
Königreich geschwelt, und brachte Brennstoff,
Das Feuer zu ernähren, und nun ist es
Viel, viel zu groß, als daß es von dem Windhauch,
Der es entflammte, auszublasen wäre.
Ihr wart es, der mich lehrte, was mir zukommt,
Der mir mein Recht auf dieses Land erklärte,
Ja, mir den Feldzug in den Kopf gesetzt hat;
Und kommt Ihr jetzt daher und sagt mir, John
Hab seinen Frieden nun mit Rom gemacht?
Was geht mich dieser Frieden an? Ich habe,
Kraft meiner Heirat, nach Klein-Arthur, Anspruch
Auf dies Land; und da ichs halb erobert,
Soll ich abziehn, dieweil John mit Rom
Nun seinen Frieden machte? Bin ich
Roms Sklave? Hat Rom einen Penny, hat Rom
Nur einen Mann, nur einen einzigen
Schuß Pulver zu dem Feldzug beigesteuert?
Liegt nicht die Last auf mir? Wer, wenn nicht ich,
Und die, die meinen Anspruch anerkennen,
Vergießen Schweiß, und tragen diesen Krieg?
Schrie dieses Inselvolk nicht »Vive le roi!«
Als ich ihm Stadt um Stadt abnahm? Befinden
Sich hier, bei diesem Spiel um eine Krone,
Die besten Karten nicht in meiner Hand?
Und ich soll meine Trümpfe jetzt verschenken?
Nein, nein, bei meinem Leben, nicht mit mir.
PANDULPH Ihr seht die Dinge lediglich von außen.
LEWIS Von außen oder innen, ich marschiere,
Bis meine Mühe just den Lohn erhält,
Der meiner Hoffnung zugesichert ward,
Bevor ich dieses tapfre Heer aufstellte,

And cull'd these fiery spirits from the world
To out-looke Conquest, and to winne renowne
Euen in the iawes of danger, and of death:
What lusty Trumpet thus doth summon vs?
Enter Bastard.

Bast. According to the faire-play of the world,
Let me haue audience: I am sent to speake:
My holy Lord of Millane, from the King
I come to learne how you haue dealt for him:
And, as you answer, I doe know the scope
And warrant limited vnto my tongue.

Pand. The *Dolphin* is too wilfull opposite
And will not temporize with my intreaties:
He flatly saies, heell not lay downe his Armes.

Bast. By all the bloud that euer fury breath'd,
The youth saies well. Now heare our *English* King,
For thus his Royaltie doth speake in me:
He is prepar'd, and reason to he should,
This apish and vnmannerly approach,
This harness'd Maske, and vnaduised Reuell,
This vn-heard sawcinesse and boyish Troopes,
The King doth smile at, and is well prepar'd
To whip this dwarfish warre, this Pigmy Armes
From out the circle of his Territories.
That hand which had the strength, euen at your dore,
To cudgell you, and make you take the hatch,
To diue like Buckets in concealed Welles,
To crowch in litter of your stable plankes,
To lye like pawnes, lock'd vp in chests and truncks,
To hug with swine, to seeke sweet safety out
In vaults and prisons, and to thrill and shake,
Euen at the crying of your Nations crow,

Und diese Feuerköpfe mir herauslas,
Erobrer zu bekriegen und sich Ruhm
Selbst in des Todes Rachen zu erkämpfen.
Welch tüchtige Trompete ruft uns an?

       Bastard. Gefolge.

BASTARD Dem ritterlichen Brauch der Welt gemäß,
Verlange ich Gehör und spreche so:
Mein Herr aus Mailand, unser König schickt mich,
Erfahren soll ich, wie Ihr ihn vertreten;
Nach Eurer Antwort weiß ich, inwieweit
Ich meiner Zunge Vollmacht nutzen darf.

PANDULPH Der Dauphin stellt sich unverändert feindlich,
Und will auf meine Vorschläge nicht eingehn;
Kurz, er will mitnichten abziehn, sagt er.

BASTARD Bei allen roten Furien des Kriegs,
Da tut er recht. Nun hört den König Englands,
Denn seine Majestät spricht durch mich dies:
Er steht gerüstet, wie er stehen muß.
Der lächerliche Affenkram des Aufzugs,
Der Karneval in Blech, die Aufstandsposse,
Bartlose Frechheit, diese Kinderstreitmacht,
Darüber lacht der König nur; und steht gerüstet,
Den Zwergenkrieg, und dies Pygmäen-Heer,
Aus den Grenzen seines Reichs zu peitschen.
Die Hand, die Kraft besaß, vor eurer Haustür
Euch zu verprügeln, und aufs Dach zu jagen,
Euch in die Brunnen warf wie leere Eimer,
Euch hinter Planken in den Stallmist duckte,
Euch wegschloß in die Kisten und die Truhen,
Euch Schweine küssen ließ, und süße Rettung
In Kellern und Aborten suchen, euch
Beim Krähen eures eignen Wappenhahns

Thinking this voyce an armed Englishman.
Shall that victorious hand be feebled heere,
That in your Chambers gaue you chasticement?
No: know the gallant Monarch is in Armes,
And like an Eagle, o're his ayerie towres,
To sowsse annoyance that comes neere his Nest;
And you degenerate, you ingrate Reuolts,
you bloudy Nero's, ripping vp the wombe
Of your deere Mother-England: blush for shame:
For your owne Ladies, and pale-visag'd Maides,
Like *Amazons*, come tripping after drummes:
Their thimbles into armed Gantlets change,
Their Needl's to Lances, and their gentle hearts
To fierce and bloody inclination.

Dol. There end thy braue, and turn thy face in peace,
We grant thou canst out-scold vs: Far thee well,
We hold our time too precious to be spent
with such a brabler.

Pan. Giue me leaue to speake.
Bast. No, I will speake.
Dol. We will attend to neyther:
Strike vp the drummes, and let the tongue of warre
Pleade for our interest, and our being heere.
Bast. Indeede your drums being beaten, wil cry out;
And so shall you, being beaten: Do but start
An eccho with the clamor of thy drumme,
And euen at hand, a drumme is readie brac'd,
That shall reuerberate all, as lowd as thine.

Zusammenschrecken ließ, als wärs die Stimme
Des behelmten Engländers, soll, sag ich,
Die siegsgewohnte Hand hier schwach sich zeigen,
Die euch zuhause übers Knie gelegt?
Nein: wisset, der Monarch steht unter Waffen,
Er kreist, ein Adler, über seiner Brut,
Und stößt herab, sieht er sein Nest bedroht.
Und ihr Entarteten, ihr undankbaren
Rebellen, die es Nero gleichtun wollen,
Und ihrer guten Mutter England blutig
Den Schoß zerfleischen, röten wird euch Scham:
Denn eure eignen Fraun und blassen Töchter,
Als Amazonen trippeln sie zur Trommel,
Aus Fingerhütchen werden Eisenhandschuh,
Aus Nadeln Lanzen, und die sanften Herzen
In Blutgier wild und Raserei.

LEWIS   Hier endet
Die Tirade. Kehre heim in Frieden.
Wir, wenn du das hören möchtest,
Wir geben zu, du kannst uns überschimpfen.
Leb wohl; uns ist die Zeit zu kostbar, um sie
An einen solchen Prahlhans zu vergeuden.

PANDULPH Gestattet mir, zu sprechen.

BASTARD   Nein, ich rede.

LEWIS Wir hören keinen. Laßt die Trommeln schlagen.
Ihr Kriegsruf wirbt für uns und unsre Sache.

BASTARD Gewiß, die Trommeln, schlagt ihr sie, schrein laut,
Genau wie ihr, wenn wir euch schlagen: weck nur
Das Echo auf mit dem Getöse deiner Trommel,
Und gleich läßt eine zweite sich vernehmen,
Die deine widerhallt, genauso laut.

Sound but another, and another shall
(As lowd as thine) rattle the Welkins eare,
And mocke the deepe mouth'd Thunder: for at hand
(Not trusting to this halting Legate heere,
Whom he hath vs'd rather for sport, then neede)
Is warlike *Iohn*: and in his fore-head sits
A bare-rib'd death, whose office is this day
To feast vpon whole thousands of the French.
Dol. Strike vp our drummes, to finde this danger out.
Bast. And thou shalt finde it (Dolphin) do not doubt

                               Exeunt.

Scæna Tertia.

Alarums. Enter Iohn and Hubert.

Iohn. How goes the day with vs? oh tell me *Hubert*.
Hub. Badly I feare; how fares your Maiesty?
Iohn. This Feauer that hath troubled me so long,
    Lyes heauie on me: oh, my heart is sicke.
             Enter a Messenger.
Mes. My Lord: your valiant kinsman *Falconbridge*,
    Desires your Maiestie to leaue the field,
    And send him word by me, which way you go.
Iohn. Tell him toward *Swinsted*, to the Abbey there.
Mes. Be of good comfort: for the great supply
    That was expected by the Dolphin heere,
    Are wrack'd three nights ago on *Goodwin* sands.
    This newes was brought to *Richard* but euen now,
    The French fight coldly, and retyre themselues.
Iohn. Aye me, this tyrant Feauer burnes mee vp,
    And will not let me welcome this good newes.

Schlag eine andere, und eine andre
Kracht laut, wie deine, an das Ohr des Himmels,
Und höhnt des Donners Großmaul: denn es naht –
Mißtrauend dem lavierenden Legaten,
Den er zur Spielfigur braucht, nicht zur Stütze –
Der Kriegsherr John; und seine Vorhut ist
Ein blankgerippter Tod, des Amt sein wird,
In tausenden Franzosen heut zu schwelgen.
LEWIS Die Trommeln! Seht der Drohung ins Gesicht.
BASTARD Du wirst sie sehn, Dauphin, das zweifle nicht.

3. Szene

König John. Hubert.

KÖNIG JOHN Wie steht der Tag für uns? O sags mir, Hubert.
HUBERT Schlecht, fürchte ich. Und Eure Majestät?
KÖNIG JOHN Ich habe Fieber, wie die letzten Tage;
    Es lähmt mich, o, bis in mein Innerstes!
                Ein Soldat.
SOLDAT Herr, Euer kühner Neffe, Faulconbridge,
    Er bittet Euch, das Schlachtfeld zu verlassen,
    Und ihm zu künden, wohin Ihr Euch wendet.
KÖNIG JOHN Sag ihm, nach Swinstead, da, in die Abtei.
SOLDAT Seid unverzagt; der Nachschub des Dauphins,
    Den er bald hier erhoffte, ist gestrandet
    Auf Goodwin Sands, und vor drei Nächten schon.
    Sir Richard hat die Nachricht grad erhalten:
    Und die Franzen kämpfen lahm, und weichen.
KÖNIG JOHN Das Fieber herrscht tyrannisch über mich,
    Und will mir nicht erlauben, mich zu freun.

Set on toward *Swinsted:* to my Litter straight,
Weaknesse possesseth me, and I am faint.   *Exeunt.*

Scena Quarta.

Enter Salisbury, Pembroke, and Bigot.

Sal. I did not thinke the King so stor'd with friends.
Pem. Vp once againe: put spirit in the French,
    If they miscarry: we miscarry too.
Sal. That misbegotten diuell *Falconbridge*,
    In spight of spight, alone vpholds the day.
Pem. They say King *Iohn* sore sick, hath left the field.

Enter Meloon wounded.

Mel. Lead me to the Reuolts of England heere.
Sal. When we were happie, we had other names.
Pem. It is the Count *Meloone.*
Sal. Wounded to death.
Mel. Fly Noble English, you are bought and sold,
    Vnthred the rude eye of Rebellion,
    And welcome home againe discarded faith,
    Seeke out King *Iohn*, and fall before his feete:
    For if the French be Lords of this loud day,
    He meanes to recompence the paines you take,
    By cutting off your heads: Thus hath he sworne,
    And I with him, and many moe with mee,
    Vpon the Altar at S. *Edmondsbury*,
    Euen on that Altar, where we swore to you
    Deere Amity, and euerlasting loue.

Sal. May this be possible? May this be true?

Nach Swinstead; bringt mich weg zu meiner Trage:
Schwäche packt mich, und ich bin nicht bei mir. *Alle ab.*

4. Szene

Salisbury. Pembroke. Bigot.

SALISBURY Ich hielt des Königs Anhang für geringer.
PEMBROKE Und noch einmal; macht den Franzosen Mut.
   Stehts schlecht um sie, so steht es schlecht um uns.
SALISBURY Der fehlgezeugte Teufel, Faulconbridge,
   Hält im Alleingang gegen.
PEMBROKE   Man berichtet,
   Daß König John, schwer krank, das Schlachtfeld räumte.
                  Melun, verwundet.
MELUN Bringt mich zu den englischen Rebellen.
SALISBURY Wir hießen anders in den bessern Tagen.
PEMBROKE 's ist Graf Melun.
BIGOT   Und auf den Tod verwundet.
MELUN Ihr edlen Engländer, ergreift die Flucht;
   Ihr seid verraten und verkauft. Entfädelt
   Das rauhe Nadelöhr der Rebellion,
   Und heißt die Treue wiederum willkommen.
   Sucht König John auf und fallt ihm zu Füßen;
   Wird der Franzose nämlich Herr des Tags,
   Gedenkt er eure Mühe euch zu lohnen
   Mit euren Köpfen: das hat er geschworen,
   Und ich mit ihm, und viele noch mit mir,
   An dem Altar in Edmundsbury, eben
   Dem Altar, an dem wir euch die Freundschaft
   Und dauerhafte Bündnistreue schwuren.
SALISBURY Ist das die Möglichkeit? Das kann nicht stimmen.

Mel. Haue I not hideous death within my view,
　　Retaining but a quantity of life,
　　Which bleeds away, euen as a forme of waxe
　　Resolueth from his figure 'gainst the fire?
　　What in the world should make me now deceiue,
　　Since I must loose the vse of all deceite?
　　Why should I then be false, since it is true
　　That I must dye heere, and liue hence, by Truth?
　　I say againe, if *Lewis* do win the day,
　　He is forsworne, if ere those eyes of yours
　　Behold another day breake in the East:
　　But euen this night, whose blacke contagious breath
　　Already smoakes about the burning Crest
　　Of the old, feeble, and day-wearied Sunne,
　　Euen this ill night, your breathing shall expire,
　　Paying the fine of rated Treachery,
　　Euen with a treacherous fine of all your liues:
　　If *Lewis*, by your assistance win the day.
　　Commend me to one *Hubert*, with your King;
　　The loue of him, and this respect besides
　　(For that my Grandsire was an Englishman)
　　Awakes my Conscience to confesse all this.
　　In lieu whereof, I pray you beare me hence
　　From forth the noise and rumour of the Field;
　　Where I may thinke the remnant of my thoughts
　　In peace: and part this bodie and my soule
　　With contemplation, and deuout desires.
Sal. We do beleeue thee, and beshrew my soule,
　　But I do loue the fauour, and the forme
　　Of this most faire occasion, by the which
　　We will vntread the steps of damned flight,
　　And like a bated and retired Flood,

MELUN Steht mir der Tod nicht ins Gesicht geschrieben?
  In mir ist nur ein Überrest von Leben,
  Der aus mir blutig läuft, so wie ein Wachs schmilzt,
  Nah am Feuer. Was in aller Welt
  Sollte mich bewegen, euch zu täuschen,
  Wo keine Täuschung mir noch nützen kann?
  Warum soll ich lügen, wenn es wahr ist,
  Daß ich hier sterbe, und zur Wahrheit gehe?
  Ich wiederhols: ist Lewis heut der Sieger,
  Dann bricht er seinen Eid, wenn eure Augen
  Den nächsten Tagesanbruch noch erblicken:
  Diese Nacht noch, deren schwarzer Hauch
  Die Flammenzier der tagesmüden Sonne
  Schon umdüstert, diese schlimme Nacht noch,
  Hört ihr zu atmen auf, und zahlt Verrat
  Verraten mit dem Bußgeld eurer Leben,
  Falls Lewis heut mit eurer Hilfe siegt.
  Grüßt Hubert, einen Mann des Königs: er,
  Dem ich befreundet bin, und ferner noch
  Der Umstand, daß mein Ältervater englisch,
  Rühren mein Gewissen zu der Beichte.
  Zum Dank, ich bitt euch, bringt mich weg, wohin
  Der Lärm und das verworrene Geschrei
  Des Schlachtfelds nicht mehr dringt,
  Wo ich, was mir zu denken übrig ist,
  In Frieden denken kann, und Leib und Seele
  Sich mir in Demut und in Andacht trennen.
SALISBURY Wir glauben dir, und strafe mich der Himmel,
  Wenn ich die Gelegenheit nicht nutze,
  Die sich so prächtig bietet, um den Weg
  Verdammter Fahnenflucht zurückzugehn.
  Wir werden brav, wie eine Flut, die absinkt,

Leauing our ranknesse and irregular course,
Stoope lowe within those bounds we haue ore-look'd,
And calmely run on in obedience
Euen to our Ocean, to our great King *Iohn.*
My arme shall giue thee helpe to beare thee hence,
For I do see the cruell pangs of death
Right in thine eye. Away, my friends, new flight,
And happie newnesse, that intends old right.   *Exeunt*

Scena Quinta.

Enter Dolphin, and his Traine.

Dol. The Sun of heauen (me thought) was loth to set;
But staid, and made the Westerne Welkin blush,
When English measure backward their owne ground
In faint Retire: Oh brauely came we off,
When with a volley of our needlesse shot,
After such bloody toile, we bid good night,
And woon'd our tott'ring colours clearly vp,
Last in the field, and almost Lords of it.
                Enter a Messenger.
Mes. Where is my Prince, the Dolphin?
Dol. Heere: what newes?
Mes. The Count *Meloone* is slaine: The English Lords
By his perswasion, are againe falne off,
And your supply, which you haue wish'd so long,
Are cast away, and sunke on *Goodwin* sands.
Dol. Ah fowle, shrew'd newes. Beshrew thy very hart:
I did not thinke to be so sad to night
As this hath made me. Who was he that said

Von unsrer Bahn der Übertretung lassen,
Uns den überschwemmten Ufern beugen,
Und ruhig und im Gehorsam meerwärts fließen,
Zu unserm großen König John. Stützt Euch
Auf meinen Arm, ich helf Euch fort, die Qual
Des Todes sieht Euch aus den Augen. Kommt,
Meine Freunde! Noch einmal gewendet;
Glück dem Neuen, das beim Alten endet!   *Alle ab.*

5. Szene

Lewis. Gefolge.

LEWIS Mir war, als ging die Sonne zögernd unter,
  Hielt inne, um den Westen rot zu machen,
  Als England seine Erde maßnahm rückwärts,
  In klammem Rückzug. O, wir sahen gut aus,
  Als wir, mit einer Salve hintendrein,
  Gut Nacht gewünscht nach soviel blutger Arbeit,
  Und mit fest eingerollten Fahnen endlich
  Allein im Feld warn, beinah seine Herren.
                    Ein Bote.
BOTE Wo find ich den Dauphin?
LEWIS   Hier: was gibts Neues?
BOTE Der Graf Melun ist hin; die Lords aus England
  Sind durch sein Reden wieder abgefallen,
  Und euer Nachschub, lang erwartet, ist
  Bei Goodwin Sands gescheitert und gesunken.
LEWIS Ah, verfluchte Nachricht! Fluch auch dir!
  Ich dachte nicht, daß dieser Abend mich
  So traurig sähe, wie ich es jetzt bin.
  Eine Stunde oder zwei, bevor

King *Iohn* did flie an houre or two before
The stumbling night did part our wearie powres?

Mes. Who euer spoke it, it is true my Lord.
Dol. Well: keepe good quarter, & good care to night,
The day shall not be vp so soone as I,
To try the faire aduenture of to morrow.   *Exeunt*

Scena Sexta.

Enter Bastard and Hubert, seuerally.

Hub. Whose there? Speake hoa, speake quickely, or
I shoote.
Bast. A Friend. What art thou?
Hub. Of the part of England.
Bast. Whether doest thou go?
Hub. What's that to thee?
Why may not I demand of thine affaires,
As well as thou of mine?
Bast. Hubert, I thinke.
Hub. Thou hast a perfect thought:
I will vpon all hazards well beleeue
Thou art my friend, that know'st my tongue so well:
Who art thou?
Bast. Who thou wilt: and if thou please
Thou maist be-friend me so much, as to thinke
I come one way of the *Plantagenets.*
Hub. Vnkinde remembrance: thou, & endles night,
Haue done me shame: Braue Soldier, pardon me,
That any accent breaking from thy tongue,
Should scape the true acquaintance of mine eare.

Die finstre Nacht die müden Heere trennte,
Sagte irgendjemand, König John
Sei auf der Flucht. Wer war es, der das sagte?
BOTE Wer es auch war, er hatte Recht, Mylord.
LEWIS Schön; haltet heute Nacht die Augen offen:
Ich werde früher wach sein als der Tag,
Um seine Gunst aufs neue zu erobern. *Alle ab.*

6. Szene

Bastard. Hubert.

HUBERT Wer da? He, sagt was! Schnell, oder ich schieße.

BASTARD Gut Freund. Wer bist du?
HUBERT   Englische Partei.
BASTARD Wo willst du hin?
HUBERT   Was geht denn dich das an?
Ich darf dich nicht, wie du mich, fragen, wie?

BASTARD Hubert, schätze ich.
HUBERT   Da schätzt du richtig.
Auf eignes Risiko vermute ich,
Du bist mein Freund, wie sonst kannst du das hören?
Wer bist du?
BASTARD   Wer du willst: und wenn du magst,
Bist du so freundlich, von mir anzunehmen,
Ich sei ein Seitenzweig-Plantagenet.
HUBERT Auch das noch! Jetzt hast du mitsamt der Nacht,
Der sinnverwirrnden, mich beschämt: vergib mir,
Kriegsheld, daß ein Zungenschlag von dir
Dem Wissen meines Ohrs entgehen konnte.

Bast. Come, come: sans complement, What newes
    abroad?

Hub. Why heere walke I, in the black brow of night
    To finde you out.

Bast. Breefe then: and what's the newes?

Hub. O my sweet sir, newes fitting to the night,
    Blacke, fearefull, comfortlesse, and horrible.

Bast. Shew me the very wound of this ill newes,
    I am no woman, Ile not swound at it.

Hub. The King I feare is poyson'd by a Monke,
    I left him almost speechlesse, and broke out
    To acquaint you with this euill, that you might
    The better arme you to the sodaine time,
    Then if you had at leisure knowne of this.

Bast. How did he take it? Who did taste to him?

Hub. A Monke I tell you, a resolued villaine
    Whose Bowels sodainly burst out: The King
    Yet speakes, and peraduenture may recouer.

Bast. Who didst thou leaue to tend his Maiesty?

Hub. Why know you not? The Lords are all come
    backe,
    And brought Prince *Henry* in their companie,
    At whose request the king hath pardon'd them,
    And they are all about his Maiestie.

Bast. With-hold thine indignation, mighty heauen,
    And tempt vs not to beare aboue our power.
    Ile tell thee *Hubert*, halfe my power this night
    Passing these Flats, are taken by the Tide,
    These Lincolne-Washes haue deuoured them,
    My selfe, well mounted, hardly haue escap'd.
    Away before: Conduct me to the king,

BASTARD Komm, komm, sag ohne Umschweif, was es gibt.

HUBERT Drum stolpre ich ja durch die finstre Nacht,
Um Euch zu suchen.
BASTARD   Dann machs kurz: was gibts?
HUBERT O, lieber Sir, es gibt, was zu der Nacht paßt,
Pechschwarz, furchtbar, trostlos und entsetzlich.
BASTARD Zeig mir das Wundmal dieser kranken Nachricht:
Ich bin kein Weib, ich falle dir nicht um.
HUBERT Der König, fürchte ich, hat Gift gegessen,
Das ihm ein Mönch eingab. Er kann nicht sprechen;
Ich bin gleich los, den Anschlag Euch zu melden,
Damit ihr Zeit gewinnt, Euch zu versehn,
Und nicht die neue Not euch überrumpelt.
BASTARD Wie nahm ers zu sich? Wer hat vorgekostet?
HUBERT Ich sage doch, ein Mönch, ein Glaubenstäter,
Dem aus dem Leib die Eingeweide platzten:
Hingegen ist der König bei Bewußtsein,
Und wird, wenns glücklich ausgeht, uns gesund.
BASTARD Wer kümmert sich um Seine Majestät?
HUBERT Wie, wißt Ihr nicht? Die Lords sind wieder da,
Bei sich haben sie Prinz Henry, der
Erwirkt hat, daß der König sie begnadigt.
Sie alle sind um seine Majestät.

BASTARD Besänftge deinen Zorn, gerechter Himmel,
Und prüfe uns nicht über unsre Kraft!
Damit dus weißt, mir ist die halbe Mannschaft
Bei Lincoln in der Marsch ersoffen, Hubert;
Fast schon drüben, kam die Flut und fraß sie;
Ich, hoch zu Roß, bin ihr nur knapp entronnen.
Geh vor: führ mich zum König. Ich besorge,

I doubt he will be dead, or ere I come.   *Exeunt*

Scena Septima.

Enter Prince Henry, Salisburie, and Bigot.

Hen. It is too late, the life of all his blood
    Is touch'd, corruptibly: and his pure braine
    (Which some suppose the soules fraile dwelling house)
    Doth by the idle Comments that it makes,
    Fore-tell the ending of mortality.
            Enter Pembroke.
Pem. His Highnesse yet doth speak, & holds beleefe,
    That being brought into the open ayre,
    It would allay the burning qualitie
    Of that fell poison which assayleth him.
Hen. Let him be brought into the Orchard heere:

    Doth he still rage?
Pem. He is more patient
    Then when you left him; euen now he sung.
Hen. Oh vanity of sicknesse: fierce extreames
    In their continuance, will not feele themselues.
    Death hauing praide vpon the outward parts
    Leaues them inuisible, and his seige is now
    Against the winde, the which he prickes and wounds
    With many legions of strange fantasies,
    Which in their throng, and presse to that last hold,
    Counfound themselues. 'Tis strange y^t death shold sing:
    I am the Symet to this pale faint Swan,
    Who chaunts a dolefull hymne to his owne death,
    And from the organ-pipe of frailety sings

Er könnte sterben, noch bevor ich da bin.   *Beide ab.*

7. Szene

Prinz Henry. Sailsbury. Bigot.

PRINZ HENRY Es ist zu spät: sein Lebensblut verfault,
Sein Schädel – manche nehmen an, der Schädel
Sei der Seele brüchiges Gehäuse –
Sagt durch den Widersinn, der aus ihm kommt,
Das Ende seiner Erdenzeit voraus.
                    Pembroke.
PEMBROKE Seine Majestät kann wieder sprechen,
Und ist überzeugt, daß die frische Luft
Das qualvoll scharfe Brennen lindern könne,
Mit dem das Gift ihn mörderisch durchtobt.
PRINZ HENRY Dann laßt ihn hierher in den Garten tragen.
                    Bigot ab.
Führt er sich noch so auf?
PEMBROKE   Er wirkt jetzt ruhiger,
Als in Eurem Beisein; eben sang er.
PRINZ HENRY O, Narrheit großen Leidens! Zwei Extreme
Treffen dabei fühllos aufeinander:
Der Tod, der schon das Fleisch erobert hat,
Rückt, uns nicht sichtbar, vor, und nun belagert
Er den Geist, und zwickt ihn, setzt ihm zu,
Mit Schwärmen sonderbarer Hirngespinste,
Die, in dem Ansturm auf die letzte Festung,
Sich selbst auslöschen. Sonderbar erscheint
Der Tod uns, singend. Küken bin ich diesem
Bleichen, hinfälligen Schwan, der klagend
Den eignen Tod besingt, aus dünner Pfeife

His soule and body to their lasting rest.

Sal. Be of good comfort (Prince) for you are borne
To set a forme vpon that indigest
Which he hath left so shapelesse, and so rude.

Iohn brought in.

Iohn. I marrie, now my soule hath elbow roome,
It would not out at windowes, nor at doores,
There is so hot a summer in my bosome,
That all my bowels crumble vp to dust:
I am a scribled forme drawne with a pen
Vpon a Parchment, and against this fire
Do I shrinke vp.

Hen. How fares your Maiesty?

Ioh. Poyson'd, ill fare: dead, forsooke, cast off,
And none of you will bid the winter come
To thrust his ycie fingers in my maw;
Nor let my kingdomes Riuers take their course
Through my burn'd bosome: nor intreat the North
To make his bleake windes kisse my parched lips,
And comfort me with cold. I do not aske you much,
I begge cold comfort: and you are so straight
And so ingratefull, you deny me that.

Hen. Oh that there were some vertue in my teares,
That might releeue you.

Iohn. The salt in them is hot.
Within me is a hell, and there the poyson
Is, as a fiend, confin'd to tyrannize,
On vnrepreeuable condemned blood.

Enter Bastard.

Bast. Oh, I am scalded with my violent motion
And spleene of speede, to see your Maiesty.

Leib und Seele sich zur Ruhe tönt.

SALISBURY Seid guten Mutes, Prinz; ihr seid geboren,
Den ungefügen, rohen Stoff zu formen,
Den er so ungemeistert hinterläßt.

Bigot. König John in einem Stuhl.

KÖNIG JOHN Ja, hier hat meine Seele Beinfreiheit!
Sie will mir nicht durch Türen fort, noch Fenster.
In meiner Brust herrscht ein so heißer Sommer,
Daß meine Innerein zu Staub zerkrümeln:
Ich bin ein wirres Bild, mit Federstrichen
Auf Pergament gekritzelt, und dies Feuer
Schrumpft mich weg.

PRINZ HENRY   Wie geht es Eurer Hoheit?

KÖNIG JOHN Vergiftet, scheußlich: tot, erledigt, fertig,
Und niemand unter euch befiehlt dem Winter,
Die Eisfaust in den Rachen mir zu stopfen,
Noch lenkt wer alle Flüsse meines Reichs
Durch meine ausgebrannte Brust, noch wird
Der Nordwind angefleht, daß seine Schauer
Mir die verdorrten Lippen küssen mögen,
Und mich mit Kälte trösten. Ich will nichts,
Als kalten Trost, und ihr, ihr seid so stur
Und undankbar, dies Kleine mir zu weigern.

PRINZ HENRY O hätten meine Tränen doch die Macht,
Euch zu erquicken!

KÖNIG JOHN   Salzig brennen sie.
In mir ist die Hölle, und das Gift
Ist, wie der böse Feind, dazu bestellt,
Mein hoffnungslos verdammtes Blut zu martern.

Bastard.

BASTARD O, ich geh in Rauch auf vor Gerenne,
Und Sorge, Eure Majestät zu sehn.

Iohn. Oh Cozen, thou art come to set mine eye:
  The tackle of my heart, is crack'd and burnt,
  And all the shrowds wherewith my life should saile,
  Are turned to one thred, one little haire:
  My heart hath one poore string to stay it by,
  Which holds but till thy newes be vttered,
  And then all this thou seest, is but a clod,
  And module of confounded royalty.
Bast. The Dolphin is preparing hither-ward,
  Where heauen he knowes how we shall answer him.
  For in a night the best part of my powre,
  As I vpon aduantage did remoue,
  Were in the *Washes* all vnwarily,
  Deuoured by the vnexpected flood.

Sal. You breath these dead newes in as dead an eare
  My Liege, my Lord: but now a King, now thus.

Hen. Euen so must I run on, and euen so stop.
  What surety of the world, what hope, what stay,
  When this was now a King, and now is clay?
Bast. Art thou gone so? I do but stay behinde,
  To do the office for thee, of reuenge,
  And then my soule shall waite on thee to heauen,
  As it on earth hath bene thy seruant still.
  Now, now you Starres, that moue in your right spheres,
  Where be your powres? Shew now your mended faiths,
  And instantly returne with me againe.
  To push destruction, and perpetuall shame
  Out of the weake doore of our fainting Land:
  Straight let vs seeke, or straight we shall be sought,

KÖNIG JOHN O Neffe, willst du mir die Lider schließen?
　　Mein Herz ist abgetakelt und verbrannt,
　　Von all dem Tauwerk meines Lebensschiffs
　　Blieb nur ein Faden, nur ein Härchen übrig;
　　Ein dünner Zwirn hält noch mein Herz, er reißt,
　　Sobald du deine Nachricht vorgebracht;
　　Danach ist, was du siehst, ein Haufen Dung,
　　Und Hohlform des zerstörten Königtums.
BASTARD Der Dauphin ist auf dem Weg hierher,
　　Nur Gott weiß, wie wir ihm begegnen solln;
　　Denn meine besten Truppen sind heut nacht,
　　Als wir in seinen Rücken kommen wollten,
　　Im Sumpf des Marschlands Opfer der urplötzlich
　　Hereingebrochnen Flut geworden. Ja.

　　　　　　　Der König ist tot.

SALISBURY Die taube Nachricht sagt ihr tauben Ohren.
　　Mein Fürst! Mylord! – Ein König eben noch
　　Nun das.
PRINZ HENRY Das wird auch meine Laufbahn sein,
　　Und das mein Ende. Auf der Welt herrscht Raub:
　　Was ein König war, ist nun ein Staub.
BASTARD Gingst du so? Ich bleibe noch zurück,
　　Das Amt des Rächers für dich auszuüben;
　　Dann dient meine Seele dir im Himmel,
　　Wie sie auf Erden schon dir Dienrin war.
　　Nun, nun, Planeten, die ihr wiederum,
　　An euren angestammten Sphären kreist,
　　Wo bleibt der Mut? Zeigt die geflickte Treue,
　　Und kehret augenblicklich mit mir um,
　　Die Niederlage, samt der ewgen Schande,
　　Aus dieses Lands zerbrochner Tür zu werfen.
　　Stellen wir den Feind, bevor er uns stellt:

The Dolphine rages at our verie heeles.

Sal. It seemes you know not then so much as we,
The Cardinall *Pandulph* is within at rest,
Who halfe an houre since came from the Dolphin,
And brings from him such offers of our peace,
As we with honor and respect may take,
With purpose presently to leaue this warre.

Bast. He will the rather do it, when he sees
Our selues well sinew'd to our defence.

Sal. Nay, 'tis in a manner done already,
For many carriages hee hath dispatch'd
To the sea side, and put his cause and quarrell
To the disposing of the Cardinall,
With whom your selfe, my selfe, and other Lords,
If you thinke meete, this afternoone will poast
To consummate this businesse happily.

Bast. Let it be so, and you my noble Prince,
With other Princes that may best be spar'd,
Shall waite vpon your Fathers Funerall.

Hen. At Worster must his bodie be interr'd,
For so he will'd it.

Bast. Thither shall it then,
And happily may your sweet selfe put on
The lineall state, and glorie of the Land,
To whom with all submission on my knee,
I do bequeath my faithfull seruices
And true subiection euerlastingly.

Sal. And the like tender of our loue wee make
To rest without a spot for euermore.

Hen. I haue a kinde soule, that would giue thankes,
And knowes not how to do it, but with teares.

Bast. Oh let vs pay the time: but needfull woe,

Der Franzose wütet uns im Rücken.

SALISBURY Es scheint, Ihr wißt nicht ganz soviel wie wir:
Der päpstliche Legat ruht drinnen aus;
Vor einer Stunde kam er vom Dauphin,
Und überbrachte Friedensangebote,
Die ohne Ehrverlust annehmbar sind,
Sofern wir diesen Krieg beenden wollen.

BASTARD Frankreich wird noch friedlicher, wenn es erst sieht,
Wie wir die Muskeln spannen, uns zu wehren.

SALISBURY Das ist gewissermaßen schon geschehn,
Denn der Dauphin hat viele Wagen an
Die Küste wegbefohlen, und die Führung
Seines Streits dem Kardinal vertraut,
Mit welchem Ihr, und ich, und andre Lords,
Wenn Ihr nur zustimmt, heute Nachmittag
Die Sache glücklich an ihr Ende bringen.

BASTARD Das machen wir: und Ihr, mein edler Prinz,
Geht mit dem Adel, den nicht Politik
Am Ort hält, zum Begräbnis eures Vaters.

PRINZ HENRY Er hat verfügt, man solle seinen Leib
Zu Worcester, in der Kathedrale, betten.

BASTARD Dorthin bringt ihn: und mit Glück nehmt Ihr,
Mein Prinz, nun die ererbte Hoheit an,
Der ich, in Demut, und für alle Zeit,
Hier mich, und meine Dienste, überliefre.

SALISBURY Wir schwören gleichfalls Untertanentreue,
Und werden ohne Flecken sie bewahren.

PRINZ HENRY Ich möchte euch aus ganzer Seele danken,
Und habe nichts als Tränen anzubieten

BASTARD O, zahlt dem Zeitlauf nicht mehr Gram als nötig,

Since it hath beene before hand with our greefes.
This England neuer did, nor neuer shall
Lye at the proud foote of a Conqueror,
But when it first did helpe to wound it selfe.
Now, these her Princes are come home againe,
Come the three corners of the world in Armes,
And we shall shocke them: Naught shall make vs rue,
If England to it selfe, do rest but true.   *Exeunt.*

Denn er hat reichlich Kummer schon erhoben.
Kein Eroberer sah England je
Zu seinen stolzen Füßen liegen, noch
Wird er das, solange England selbst
Ihm nicht die Hand führt, die das Messer hält.
Nun, da seine Edlen heimgekehrt,
Mag eine Welt in Waffen uns erstehn,
Wir schlagen sie. Kein Schrecknis mehr befällt
Ein England, das sich selbst die Treue hält! *Alle ab.*

Dramatis Personæ

KÖNIG JOHN

PRINZ HENRY sein Sohn

ARTHUR Herzog der Bretagne, Neffe des Königs

GRAF VON SALISBURY

GRAF VON PEMBROKE

GRAF VON ESSEX

LORD BIGOT

ROBERT FAULCONBRIDGE

PHILIP der Bastard, dein Halbbruder

HUBERT Bürger von Angiers

JAMES GURNEY Diener bei Lady Faulconbridge

PETER VON POMFRET ein Wahrsager

PHILIP König von Frankreich

LEWIS der Dauphin

LIMOGES Herzog von Österreich

MELUN ein französischer Lord

CHATILLON Botschafter Frankreichs an König John

KARDINAL PANDULPH Legat des Papstes

KÖNIGIN ELEANOR Mutter König Johns

CONSTANCE Arthurs Mutter

BLANCHE VON SPANIEN Nichte König Johns

LADY FAULCONBRIDGE Witwe von Sir Robert Faulconbridge

Lords, Sheriff, Herolde, Offiziere, Soldaten, Boten

Die Szene liegt teils in England, teils in Frankreich.

Anmerkungen

I, i, 3   *with the Chattylion of France*
kein Titel, ein Ortsname; Var. im Text *Chatillon, Chattillion, Chatti-lion, Chatilion*; *Shattilion* (TR); entweder waren Regieanweisung und Text nicht auf dem gleichen Kenntnisstand (eine gängige Annahme der S.-Textforschung) oder statt *the* ist *them* zu lesen (AE 3)

I, i, 22   *of fierce* – DF aufgrund fehlender Leerzeichen wie *offierce* in F werden hier stillschweigend korrigiert

I, i, 46   *possession* – der in dieser Schriftart nicht darstellbare Über-strich (Makron), hier über dem o, wird generell aufgelöst

I, i, 46-49   *Your strong possession ... shall heare.*
S. »emphasizes the (unhistorical) illegality of John's kingship« (AE 5).

I, i, 51   *controuersie ... from the Country* – John war der letzte König, der Streitfälle direkt entschied (AE 6)

I, i, 55f.   *Our Abbies and our Priories shall pay / This expeditious charge*
Der antiklerikale Unterton setzt hier sehr unvermittelt ein, wie ein Relikt aus TR, wo er breit ausgeführt wird (*Now Gentlemen, we will away to France ... And toward the maine charges of my warres, / Ile ceaze the lazie Abbey lubbers lands / Into my hands to pay my men of warre.* I, i, 311ff.)

I, i, 92   *mad-cap* – vgl. *Berowne, the merrie madcap* L. LLL II, i, 220

I, i, 113   *truth is truth* – eine weitere Erkennungsmelodie, wenn es um persönliche Belange Oxfords geht; vgl. LLL IV, i, 50, AE 9

I, i, 113f.   *large lengths of seas and shores Betweene my father, and my mother lay* – zur juristischen Dimension dieser Frage vgl. AE 9; daß diese Dinge auch so diskutiert werden, weist auf S.s notorische Nähe zur juristischen Gelehrsamkeit (vgl. etwa I, i, 51)

I, i, 132   *This Calfe, bred from his Cow* – »whose the cow is, as it is commonly said, his is the calf also« (Swinburne 1590, vgl. AE 10)

I, i, 151   *three farthings* – drei Viertelpennys; Thomas Nashe über einen Schauspieler: »a spare fellowe that shall make mee a whole quest of faces for three farthings« (1590, AE xlv)

I, i, 178   *truth* – honesty (AE 13)

I, i, 180   *hatch* – unterer Teil einer zweiteiligen Tür (AE 13)

I, i, 181ff.   *haue is have ... euer ... I am I*
vgl. die Schlüsselszene AYLI V, i, 44ff. und die Erläuterungen in unserer Edition; in diesem Verbund wäre die Anspielung ever-E. Vere

ebenfalls sinnvoll

I, i, 205   *beseech* – DF *beseeeh* korr.

I, i, 214   *supper* – DF *fupper* korr.

I, i, 222f.   *deliuer Sweet, sweet, sweet poyson for the ages tooth*
Ogburn sieht hier wie in Jacques' Rede über die »infected world«
(AYLI II, vii, 62ff.) einen Selbstbezug S.s auf das Theater (189)

I, i, 236   *Colbrand the Gyant* – Gestalt aus den Romanzen um Guy of
Warwick (vgl. AE 22 und die dort aufgeführten Anspielungen auf
W.S. aus Stratford in *Guy Earl of Warwick* von 1661)

I, i, 243   *sparrow* – Philip war ein beliebter Name für zahme Spatzen
(AE 17, Gascoigne u.a.)

I, i, 249   *doe* – zeugen (vgl. *Timon* IV, i, 8)

I, i, 250   *me* – seit Pope wird hiernach ein Fragezeichen eingefügt

I, i, 253   *holpe* – alte Form von help (AE 18)

I, i, 257   *Basilisco* – italien. Form von Basilisk (auf dem Kopf ein Krone,
mit dem Leib einer Schlange)

I, ii, 1   *Scœna Secunda.* – seit Rowe beginnt hier der 2. Akt. Die
Akteinteilung in F geht nicht auf Shakespeare zurück

I, ii, 5-14   *Arthur ... welcome hether* – AE (xxxiv) ordnet diese Verse
Philip zu; ob solche »speech heading confusion« eher typisch für »foul
papers« als für prompt-books ist, wird sich aufgrund solcher Abwei-
chungen kaum belegen lassen

I, ii, 22   *zelous* – zeal steht in KJ sonst für religiösen Eifer (AE 22)

I, ii, 38 y^t – that

I, ii, 67   *Ace* – Var. Ate (Rowe); ziemlich eindeutig ein Lesefehler.
Vgl. »more Ates more Atees stir them or stir them on.« (LLL V, ii,
726f.) und die Parallel zu Spenser »Atin ... stirre him u to strife and
cruell fight« (Fairy Queene II (1590), AE 24)

I, ii, 69   *of the Kings* – doppelter Genitiv *of the King's*, ebenfalls auch in
TR (AE 24)

I, ii, 72   *spleenes* – Temperamente

I, ii, 86   *indeuor* – endeavour

I, ii, 92   *lineall* – in direkter Linie

I, ii, 135   *damme* – dam

I, ii, 143   *Heare the Cryer* – schon Malone bezieht dies auf die übliche
Aufforderung zur Ruhe vor Gericht (AE 28)

I, ii, 154   *shooes* – shows

I, ii, 159ff.   *King. Lewis ... King. Iohn* (DF aus F korrigiert, ».« ergänzt)

seit Malone wird auf verschiedene Weise versuch, den in F als Redetext gesetzten »King« als falsch gesetzte Regieanweisung zu lesen. Die hier angebotene Variante greift nicht in den Text, nur in den Satz ein. AE führt hier die Diskussion zu I, ii, 5-14 weiter

I, ii, 162   *Angiers* – Var. Anjou (Theobald); eindeutiger DF; TR hat durchgängig Anjou; zur Spekulation über S.s sich hier offenbarende historische Unbildung vgl. AE 29

I, ii, 215   *a Citizen* – AE ersetzt den Bürger durchgängig durch Hubert und verwendet viel Scholastik auf die Begründung dieses (letztlich unbedeutenden) Eingriffs

I, ii, 236   *hauocke* – havock

I, ii, 243   *insteed* – instead

I, ii, 260   *zeale* – ein zentraler Begriff; vgl. I, ii, 22 u.a. (I, ii, 453, I, ii, 503, I, ii, 596, III, iii, 155, V, ii, 13). TR verwendet das Wort ebenfalls an 5 Stellen

I, ii, 268   *involuerable* – invulnerable, »u« ist evtl. ein umgedrehtes »n«

I, ii, 306   *dore* – door

I, ii, 308   *Lionnesse* – auch Prostituierte (AE 37)

I, ii, 309   *Oxe-head* – auch Assoziation an Oxford

I, ii, 326   *earth* – DF *earrh* korr.

I, ii, 344   *Dide* – dyed

I, ii, 348   *your* – DF *yonr* korr. (vgl. I, ii, 268)

I, ii, 359   *rome* – roam; Var. runne F2

I, ii, 372   *scroule* – scroll; zum Führen von Gefallenenlisten vgl. auch *Henry V* IV, viii, 79 (AE 40)

I, ii, 376f.   *Oh now doth death line his dead chaps with steele…* »the image is ultimately biblical« (AE 40)

I, ii, 392ff.   *Citi.* – seit Rowe korr. für *Fra.* in F

I, ii, 409   *Iades* – jades

I, ii, 459ff.   *If not compleat of … perfection lyes in him* »C. Wordsworth thought these lines so unworthy of Shakespeare that they could not be his.« (AE 45)

I, ii, 508   *first* – DF *sirst* korr.

I, ii, 513   *Angiers* – DF; vgl. I, ii, 162

I, ii, 533   *quarter'd* – Nebenbedeutung einquartiert (AE 49)

I, ii, 556   *vnfainedly* – unfeignedly

I, ii, 558   *Aniow* – hier korrekt; vgl. I, ii, 162 und 513; einer der zwei Verse, die identisch in TR auftauchen (AE 50)

I, ii, 562   *daughter* – DF *daughtet* korr.
I, ii, 597   *Gods owne souldier* – vgl. *Macbeth* V, vii, 102
II, i, 24   *rhewme* – rheum
II, i, 65   *Envenom* – DF *Euvenom* korr.
III, i, 21   *let Sea-men feare no wracke*
eine weitere Assoziation, die die Nähe von *Macbeth und* KJ suggeriert
III, i, 39   *daies* – day's
III, i, 44   *O Lymoges, O Austria* – AE bemängelt hier »a complete hotch-poth of the facts« (xxi) durch Zusammenfassung zweier historischer Personen in einer
III, i, 67   *annointed deputies of heauen* – das Konzept des gesalbten Königs fehlt auch hier nicht (vgl. Anderson)
III, i, 75   *holy Sea* – modern *holy see* (AE 63) statt »seat«
III, i, 85   *tythe* – tithe
III, i, 86   *vnder heauen* – Var. *under God* Collier (AE 63); vermutlich Redaktion der F-Herausgeber
III, i, 117ff. *Law can do no right...* – ein typische Stelle für den scholastischen Stil gewisser Rollen, der den Begriff der »equivocation« umschreibt (AE 65), ein Hauptthema auch in *Macbeth* (vgl. S. 199 unserer Ausgabe)
III, i, 194   *cased* – Var. chafed (Theobald); AE interpretiert cased als »mit Fell« (69)
III, i, 198ff. die gesamte Rede ist eine Übung in equivocation (AE 69)
III, i, 261 γ^t *bald sexton Time* – zu den Meditationen über die Zeit vgl. ebenfalls *Macbeth*
III, i, 283   *ieopardie* – jeopardy (jeu parti, AE 73)
III, ii, 5   *Some ayery Deuill houers in the skie* – vgl. *Macbeth*
III, ii, 11   *tane* – ta'en
III, ii, 44   *tune* – Var. time (Pope), vgl. jedoch »tune and words« *Macbeth* I, iii, 96 und AE 76)
III, ii, 54   *gawdes* – gauds
III, iii, 4   *Armado* – die bei S. häufige Erwähnung der Armada (1588, vgl. *Othello*, LLL) fehlt in TR
III, iii, 43   *shake the world* – Wortspiel mit Shakespeare
III, iii, 46   *moderne* – »trite, ordinary« (AE 81)
III, iii, 62   *clowts* – clouts
III, iii, 68   *fiends* – Var. friends (Rowe); das gegensinnige Wortpaar friend/fiend durchzieht S.s Werk, insbesondere *King Lear*

III, iii, 75 *cride* – cried

III, iii, 101 *Remembers* – DF *Remembets* korr.

III, iii, 113 *Life is as tedious as a twice-told tale* – einer der stärksten *Macbeth*-Anklänge

III, iii, 117ff. *Before the curing of a strong disease...*
Ob die sich u.a. hier zeigenden präzisen medizinischen Kenntnisse S.s wirklich »universally prevalent« (AE 85) waren, kann angezweifelt werden (vgl. G. Wagner)

III, iii, 142f. *he that stands vpon a slipp'ry place*
der auffallende lehr- und gleichnishafte, anachronistisch euphuistische Stil findet sich in KJ auffallend häufig (vgl. I, i, 281, I, ii, 286, I, ii, 600, III, i, 120, III, iii, 142, III, iii, 152, IV, ii, 200-201), in TR jedoch kaum. Ein (bewußter oder regressiver?) Anachronismus, vgl. *The Earl of Oxford to the Reader*

III, iii, 174 *hurley* – immer noch *Macbeth* und ebenfalls keine unwichtige Assoziation (»When the Hurley-burley's done«)

III, iii, 179 *Call* – decoy, genutzt zum Vogelfang (AE 87)

IV, i, 38 *Arthur* – DF *Arthnr* korr.

IV, ii, 3 *against* – Var. von again (F3, AE 96)

IV, ii, 63 *times* – time's

IV, ii, 120 *care* – F könnte auch *eare* gelesen werden

IV, ii, 126 *in a frenzie* – wiederum eine *Macbeth*-Parallele wie schon Z. 118f. (*Intelligence ... drunke ... slept*) (vgl. AE 102)

IV, ii, 127 *Three dayes before* – historisch drei Jahre eher (AE 102)

IV, ii, 136 *Pomfret* – Pontefract (AE 103)

IV, ii, 143f. *I was amaz'd Vnder the tide* – ein besonders plastischer biblischer Anklang (Psalm 88 und 42, vgl. AE 103), wie sie das ganze Stück durchziehen

IV, ii, 152 *Not knowing what they feare, but full of feare* –
vgl. *Macbeth* IV, ii, 25

IV, ii, 184 *sprightfull* – spiritful

IV, ii, 211 *leane, vnwash'd Artificer* – die für S. typische Einstellung zur Arbeit (vgl. MSND)

IV, ii, 229 *How oft the sight of meanes to do ill deeds* – vgl. mit dieser Selbstrechtfertigung ähnliche Monologe Macbeths

IV, iii, 32 *good words* – vgl. TR I, ii, 129 (AE 110)

IV, iii, 38 *no mans else* – Var. no manners else (AE 111)

IV, iii, 102 *gaul* – gall

IV, iii, 154   *morcell* – morsel
V, i, 1   *Quintus* – DF *Quartus* korr.
V, i, 14   *forren* – foreign
V, i, 61   *denne* – den
V, i, 63   *forrage* – forage (eine typische moderne Schreibweise, weniger plastisch, weniger assoziativ)
V, i, 71ff.   *Shall we vpon the footing of our land...*
          eine der Stellen, wo AE von »Armada rhetoric« spricht (122), ebenfalls V, ii, 144ff. und 158ff.
V, ii, 19   *mettle* – metal
V, ii, 77   *Sea* – see (AE 127, kommentarlos)
V, ii, 118   *head of warre* – AE vermutet eine (eher ungeschickte) Übersetzung von »caput belli« (129)
V, ii, 139   *vn-heard* – unhaired
V, ii, 155   *ayerie* – aery (Nest)
V, ii, 155   *towres* – Fachbegriff aus der Falknerei (AE 131)
V, ii, 156   *sowsse* – souse
V, iv, 15   *Vnthred* – untread
V, iv, 46   *(For that my Grandsire was an Englishman)* – die zweite Stelle, die sich wortgleich in TR findet (AE 136)
V, v, 9   *woon'd* – wound
V, vii, 19   *praide* – prey'd
V, vii, 20   *seige* – siege
V, vii, 21   *winde* – Var. mind (Rowe)
V, vii, 24   *shold* – should
V, vii, 25   *Symet* – Var. cygnet (Rowe), AE vermutet »Sycnet« (142); auffallend viele Varianten in 6 Zeilen nach langen Seiten ohne strittige Stellen. Was folgt daraus? AE, gerne große Folgerungen aus kleinen Unregelmäßigkeiten ziehend, stellt diese Frage nicht
V, vii, 102 *poast* – post
V, vii, 126 *Naught shall make vs rue, If England to it selfe, do rest but true.*
          In Armada-Pamphleten (ab 1588) spiegelt sich diese »Moral« des Stückes (AE 147, Wortgleichheit *selfe...true*). In TR heißt es »If Englands Peeres and people ioyne in one, Nor Pope, nor Fraunce, nor Spaine can doo them wrong.«

Nachwort

Zu dieser Edition

Im Nachwort zum ersten Band dieser Ausgabe (*Timon aus Athen*) haben wir die Prinzipien unserer Edition festgelegt und ausführlicher die Entscheidung begründet, auf den englischen Originaltext zurückzugehen. Zusammengefaßt:

* Als englischer Text wird der bestverfügbare Originaltext des Stücks weitgehend wort- und zeichengetreu dargeboten: in diesem Falle der der Folioausgabe von 1623.
* Die deutsche Übersetzung ist auch ein Kommentar zum englischen Text, der den Leser in der Regel den Sinn des Originaltextes weitgehend erfassen läßt und bei Zweifelsfällen erläuternd wirkt.
* Bei fehlenden Vokabeln hilft meist ein einfaches Nachschlagen in Wörterbüchern.
* Fast alle – bei Shakespeare häufiger als bei jedem anderen Autor zu findenden – seltenen Ausdrücke sind in der Orthographie meistens (nahezu) identisch mit der heutigen Schreibweise, was daran liegen mag, daß die sperrigen Vokabeln des Urtextes heute fast immer noch dieselben sind wie vor mehr als 400 Jahren – und heute genauso selten wie zur Shakespeare-Zeit. Altertümlich anmutende Wörter sind eher nicht durch altertümliche Schreibweise fremd, sondern durch ihre Seltenheit, ja Einzigartigkeit. Man kann das auch so ausdrücken: Shakespeare hat die englische Sprache weitgehend erfunden und seine Erfindungen sind immer noch in Gebrauch.
* Im Anhang wird bei einigen orthographisch abweichenden Wörtern zusätzlich die moderne Schreibweise ange-

geben. Offensichtliche Druckfehler und von verschiedenen Herausgebern vorgeschlagene denkbare Varianten werden gelegentlich vermerkt und diskutiert.

* Nicht normiert und kommentiert wird der auf den ersten Blick merkwürdig anmutende historische Gebrauch des »u« und »v«; daran kann und sollte man sich gewöhnen.

Zum Stück

Textgrundlage

Der maßgebliche Text ist der Erstdruck in der ersten Folioausgabe von 1623, der keine besonderen editorischen Probleme aufweist. Die erste Quartoausgabe der Urfassung des Stückes hingegen, *The Troublesome Raigne of King Iohn* (TR) von 1591, weicht so sehr von der Fassung von 1623 ab, daß eine Bewertung dieses Stückes nur durch genaues Studium dieser Urfassung zu erreichen ist. Zumindest aber dadurch, daß man es überhaupt erst einmal liest: daher ist es in einer eigenen Edition (in der Übersetzung von Ludwig Tieck) parallel zu dieser Ausgabe erschienen. Für die ausführlichere Diskussion (nicht nur über Verfasserschaft und Authentizität) wird auf diese Ausgabe verwiesen. Manches in *King John* (KJ) wird übrigens nur verständlich, wenn man die frühe Langfassung kennt.

Quellen

Historische und literarische Quellen

Hauptquelle für KJ ist TR — darüber ist sich auch die konventionelle Forschung einig. Das impliziert, daß die Quellen von TR, insbesondere Holinsheds *Chronicles*, für die Umarbeitung des Stückes ohne Belang sind, es sei denn, daß neue Quellen hinzugekommen wären. Genau dies ist aber nicht nachgewiesen worden:

> »Es sieht so aus, daß Shakespeare entgegen seiner sonstigen Gewohnheit *King John* ohne Rückgriff auf irgendeine historische Chronik schrieb und sich exklusive oder nahezu exklusiv auf die Recherchen stützte, die der Verfasser des *Troublesome Raigne* durchgeführt hat. Bis auf ein oder zwei Mikrodetails findet sich alles historische Material aus *King John* auch in *Troublesome Raigne*. Dies ist ein zusätzliches Indiz dafür, daß Shakespeare *Troublesome Raigne* und die Recherchen dazu als sein Eigentum angesehen hat.« (Jiménez 34)

Zur Chronologie der Königsdramen

Das Thema der historischen Herrschaft König Johns und damit verbunden der Auseinandersetzung mit der katholischen Kirche wurde offensichtlich erstmals durch eine Aufführung von John Bales *King John* im Jahre 1561 durch die Earl of Oxford's players, die Theatertruppe von Oxfords Vater (der damals noch lebte) angeregt – vergleichbar etwa der frühen Anregung, die ein Faust-Puppenspiel für Goethe bildete (was wir wissen, weil er es selbst berichtet hat).

John Bale »taucht im Dienste Oxfords auf, für den er eine Reihe von Stücken schrieb, die für die Reformations-Propaganda verwendet werden sollten« (Jesse W. Harris, *John Bale*, 1940; zitiert in Looney II, S. 474f.)
»Im August 1561 führten die *Earl of Oxford's players* in

Ipswich Bales *Troublesome Reign of King John* für die Königin auf. ... Elizabeth verbrachte in jenem August eine Woche auf Castle Hedingham, wo sie von den Schauspielern des Grafen John unterhalten wurde, die, wenn vielleicht auch keine zweite Aufführung des *King John*, so doch weitere Stücke von Bale aufführten.« (ebd., 477f.)

Ramon Jiménez hat mit guten Gründen vermutet, daß Shakespeares Konzept von TR sehr weit zurückreicht:

»Es sieht so aus, daß Shakespeare den *Troublesome Raigne* vor irgendeiner anderen seiner anerkannten Historien schrieb. Es war somit das erste seiner Stücke, das gedruckt wurde. Darüber hinaus weisen die Indizien darauf hin, daß mit wenigen Ausnahmen die Formulierungen, Bilder und Ideen aus *King John*, die sich sowohl in den Stücken von Marlowe und Peele als auch in späteren Shakespearestücken wiederfinden, ihren Ursprung im *Troublesome Raigne* haben.« (Jiménez 21)

Wie dem auch sei, in der 1591 gedruckten Version findet sich all dieses wieder: Das perfekte Vater-Imago (schon allein der Name John), die Bastard-Phantasie als autobiographische Komponente (Ogburn 431), das Verschweigen der Magna Carta, womöglich aus zeitgenössischen (oder standesspezifischen) politischen Gründen (Ogburn 419f.) etc. TR ist somit thematisch und chronologisch eindeutig die Introduktion zum Gesamtwerk der Königsdramen. Von diesem Gesamtwerk erscheinen nun in kurzer Folge fast alle weiteren Werke in zunehmend ausgefeilteren Überarbeitungsstufen, erst in gröberen, dann in verfeinerten Versionen: zuerst (bis auf

Henry VI, Part 1) die ›zweite Tetralogie‹ (*Henry the Sixth 1-3, Richard III*, zur weiteren Diskussion vgl. Gilvary), dann die sehr viel ausgefeiltere ›erste Tetralogie‹ (*Richard II, Henry the Fourth 1-2, Henry the Fifth*). Der überarbeitete KJ erscheint jedoch erst 1623 in der postumen Folioausgabe.

Es ist offensichtlich, daß der Bearbeitungs- und Veröffentlichungsprozeß, der nach 1591 einsetzte, mit dem Jahre 1600 (Abschluß der ›ersten Tetralogie‹) nicht beendet war und sich bis 1604 (Oxfords Todesjahr) fortgesetzt haben wird.

Merkmale der Überarbeitung

Eine genauere Betrachtung der Modifikationen, die KJ gegenuber TR vorgenommen hat, verdeutlicht diesen Fortschritt.

Zu den inhaltlichen Modifkationen zählt Jimenez im Kapitel *Shakespeare's Modifications* einiges auf, insgesamt allerdings wenig Griffiges bis vielleicht auf diese Abweichung:

One particular character deletion is noteworthy. In *Troublesome Raigne*, Geoffrey Fitzpeter, Earl of Essex, appears as one of the nobles who are close to John, but then revolt against him after the death of Arthur, only to join him again near the end of his life. He is in the first group of characters on stage and appears in four additional scenes, speaking a total of over 120 lines. When John leaves England to fight in France, he places Essex in charge of the kingdom. Later in the play, Essex is the spokesman for the three nobles who discover the dead Arthur, and the first to call for John's deposition. But in *King John*, Shakespeare excised him nearly entirely, giving him a mere three lines in the first scene, and dividing his role thereafter between the Earls of Pembroke and Salisbury. No other character of his importance has been deleted. This specific and deliberate revision may have been Shakespeare's response, political or personal, to the controversial Robert Devereux, the second Earl of Essex (second creation) during the mid-1590s, when *King John* is thought to have been written. Although the various Earls of Pembroke and Salisbury appeared in several other Shakespeare histories, no Earl of Essex has a part or is even mentioned in any other Shakespeare play. (30f.)

Die grundlegenden Modifikationen finden statt in der Charakterzeichnung und -vertiefung, in der sprachlichen, philosophisch untermauerten Ausgestaltung der Personen. Der Bastard Faulconbridge z. B. wird in KJ noch deutlicher als in TR als alter ego des Verfassers herausgestellt, jedoch weniger als Spielfigur für den »Familienroman«, sondern selbständiger, souveräner auch spätere Erfahrungen aufnehmend (wie in dem »Gaine be my Lord«-Monolog I, ii, 592ff.). Exemplarisch hier auch die Frauengestalten.

Auffällig selbst für oberflächliche Leser (und welcher deutschsprachige Leser wäre das letztlich nicht) ist die religiöse Vertiefung der Personen (die Peter Moore in seinen späten exemplarischen Studien zu *Macbeth*, *King Lear* u.a. demonstriert hat). Die Nähe zu *Macbeth* ist an zahlreichen Stellen bis in die echohaft wiederholte Wortwahl hinein spürbar (vgl. die in den Anmerkungen, insbesondere zu III, iii, 113 angeführten Parallelen). Solch ein nahes Echo läßt den Schluß zu, daß die Überarbeitung beider Stücke in unmittelbarer zeitlicher Nähe erfolgte, wodurch allerdings die genaue Datierung der Überarbeitung des KJ die Ungewißheit der *Macbeth*-Entstehung übernimmt.

Ludwig Tiecks präzise Einschätzung ist m. E. die denkbar beste des Stücks überhaupt, unbeeindruckt von so zahlreichen irreführenden Vorstellungen zum Thema (darunter oft auch seine eigenen), wahrscheinlich, weil er als nahezu einziger TR unbefangen und genau rezipiert hat:

> »...die Sprache in jenem King John, der in allen Sammlungen des Dichters aufgenommen ist, zeigt deutlich, *daß es eine seiner letzten Arbeiten muß gewesen sein* ... dagegen im neuern Werke die *Kunst* vorwaltet, und der Meister mit seinem Gegenstande *gleichsam spielt*, wodurch er Raum gewinnt, alle jene überraschenden und seltsamen Züge in das Gemählde zu bringen, die streng genommen nicht unmittelbar in der Sache liegen, sondern ihn als wundervolle Ornamente dienen« [meine Hervorhebungen].

All dies wäre weiterzudenken, ja überhaupt erst einmal ganz neu herauszulesen aus diesem Werk, dessen Abstand zu TR innerlich größer ist als der zeitliche Abstand zwischen 1591 und Shakespeares letzten Jahren. Wenn TR den Anfang des Phänomens »Shakespeare« bildet, aber noch nicht als der »richtige« Shakespeare wahrgenommen wird, so erweitert der Vergleich der Stücke TR und KJ die Erkenntnis in zwei Richtungen: TR gewährt fundamentale Einblicke in die historischen, politischen, biographischen und literarischen Voraussetzungen, die in das Gesamtprojekt der Königsdramen, das wohl in erster Linie als Bühnenprojekt angesehen werden muß, eingegangen sind. Demgegenüber ermöglicht die genaue Betrachtung von KJ einen sehr klaren Einblick in das, was den »eigentlichen«, späten Schriftsteller Shakespeare ausmacht: eine monomane Sprachkunst, in dieser ausgefeilten Form wohl am Ende mehr in der selbstquälerischen Innenwelt des Monologs angesiedelt als auf der zeitgenössischen Bühne:

> neuer stal'd with the Stage,
> neuer clapper-clawd with the palmes of the vulger
>
> (Vorwort zu *Troilus und Cressida*)

In diesem Sinne ähnelt KJ sehr den (ebenso chronologisch so ungreifbaren, unverstandenen) Römerdramen: Eine reine, weltabgewandte Überarbeitung alter, sehr alter »Stoffe«. Ein philosophisches Werk, ein Sprachkunstwerk, eine Objektivierung.

Uwe Laugwitz

Literatur

[zu den einzelnen Bänden der Serie Steckels Shake-Speare vgl. den Edtionsplan aus S. 208]

(AE) Honigmann, E.A.J. (Editor): *King John*. (Arden Shakespeare, second series), 1967

(Anderson) Anderson, Mark: ›*Shakespeare*‹ *By Another Name*. New York 2005.

(Gilvary) Gilvary, Kevin (Hrsg.): *Dating Shakespeare's Plays: A Critical Review of the Evidence*. Tunbridge Wells 2010.

(Jiménez) Jiménez, Ramon: *The Troublesome Raigne of John, King of England. Shakespeare's First Version of King John*. THE OXFORDIAN, Volume XII 2010

(Looney II) Looney, John Thomas: ›Shakespeare‹ Identified, Vol. II: Oxfordian Vistas. New York/London 1975

(Ogburn) Ogburn, Charlton: *The Mysterious William Shakespeare*. McLean 1992

(Tieck) Tieck, Ludwig: *Altenglisches Theater. Oder Supplemente Zum Shakspear*. 1. Band, Berlin 1811. [enthält den Text der hier unverändert abgedruckten Übersetzung].

(Wagner) Wagner, Gerold: Veröffentlichungen in Vorbereitung für *Neues Shake-speare Journal* N.F. 5

Steckels Shake-Speare
Editionsplan

The Life of Tymon of Athens/Timon aus Athen (2013)
The Tragedie of Macbeth/Die Macbeth Tragödie (2013)
The Tragedie of Anthony and Cleopatra/Antonius und Cleopatra (2013)
The Tragœdy of Othello, the Moore of Venice/Die Tragödie von
Othello, dem Mohren von Venedig (2014)
A Midsommer Nights Dreame/Ein Mittsommernachtstraum (2014)
As you Like it/Wie es euch gefällt (2014)
Loues Labour's lost/Verlorene Liebesmüh (2015)
The Life and Death of King John/Leben und Sterben des Königs John
(2016)

★ ★ ★

The Tempest/Der Sturm

The Tragedie of Cymbeline/Cymbeline

The Raigne of King Edward the third/Die Regierung des Königs
Edward III.

The Tragedie of King Richard the second/Die Tragödie von König
Richard II.

Twelfe Night, Or what you will/Die zwölfte Nacht oder Was ihr wollt

The most lamentable Tragedie of Romeo an Iuliet/Die Tragödie von
Romeo und Julia

The Tragedie of Hamlet, Prince of Denmarke/Die Tragödie von Hamlet, Prinz von Dänemark